圖書在版編目（CIP）數據

王文直公遺集 / (清) 王東槐撰. -- 北京 : 朝華出版社, 2018.4
(清末民初文獻叢刊)
ISBN 978-7-5054-4243-6

Ⅰ. ①王… Ⅱ. ①王… Ⅲ. ①雜著－中國－清代 Ⅳ. ①Z429.49

中國版本圖書館CIP數據核字(2018)第052365號

王文直公遺集

作　　者　[清]王東槐

選題策劃　楊麗麗　尚論聰
責任編輯　樓淑敏
特約編輯　齊　芳
責任印制　張文東　陸競贏
封面設計　劉敬偉

出版發行　朝華出版社
社　　址　北京市西城區百萬莊大街24號　　郵政編碼　100037
訂購電話　（010）68996618　68996050
傳　　真　（010）88415258（發行部）
聯系版權　j-yn@163.com
網　　址　http://zhcb.cipg.org.cn
印　　刷　藝堂印刷（天津）有限公司
經　　銷　全國新華書店
開　　本　880mm×1230mm　1/32　　字　　數　93千字
印　　張　13.5
版　　次　2018年4月第1版　2018年4月第1次印刷
裝　　别　精
書　　號　ISBN 978-7-5054-4243-6
定　　價　95.00元

清末民初文獻叢刊

王文直公遺集

[清] 王東槐 撰

朝華出版社
BLOSSOM PRESS

出版前言

中國自一八四〇年鴉片戰爭以來，傳統的農業文明在西方的堅船利炮轟擊之下徹底被顛覆，有擔當的知識分子苦苦追尋，思索社會改革的途徑。從最初的『師夷長技以制夷』到『民主制度，天下之公理』（梁啓超語），他們發現要『强國富民』，首先要『開啓民智』，衹有民衆擁有了獨立思想和批判精神，國家纔能實現真正的强大。在此後一百年的時間裏（一八四〇—一九四九），思想者們從社會變革深入到國民性的改造，用每一部作品見證着中國近代化的遞變歷程。這是一個極其重要的時代，《清末民初文獻叢刊》正是收録了這一時期的作品，大部分書籍都是早期版本，有着極高的文獻研究價值。

清末的中國經歷了『三千年來未有之大變局』（李鴻章語），大清王朝面對西方列强的艦炮，表現得驚慌失措。尤其是鴉片戰爭，使『天朝帝國萬世長存的迷信受到了致命的打擊，野蠻的、閉關自守的、與文明世界隔絶的狀態被打破了』（《馬克思恩格斯選集》）。一批士大夫知識分子，尤其是在歐美諸國擔任使臣或者游歷的知識分子最先覺醒，着眼于對西方國家的考察，進而反省本國政治制度的劣勢，可以視作『啓蒙』的端倪。如曾擔任駐英公使（兼任駐法公使）的郭嵩燾在《使西紀程》中以日記的形式記錄了自己對歐西諸國的觀感，他在考察了英國的政治制度之後，發現英國政府官員收入超過三百磅者與普通老百姓一樣同等納税，他說：『此法誠善，然非民主之國，則勢有所不行。西洋所以享國長久，君民兼主國政故也。』他明確提出了『民主』，在國家的管理問題上，人民也有參與的權利。他在該書中所披露的西方政治、經濟、文化等領域優于大清帝國這一事實觸動了保守派的神經，立刻遭到保守派群起而攻之，進士何金壽彈劾他『有二心于英國，欲中國臣事之』，他家鄉湖南的民衆對他更是痛加詆毀，以至于滿城揭帖，誣蔑他『溝通洋人』，在這種群情汹汹的情況下，朝廷最後下旨將《使西紀程》毁版，從而使該書成了禁書。然而，書雖被毁版，却不能堵死民衆的傳播與閱讀的途徑，上海的《萬國公報》依舊連載該書，張佩綸曾說：『朝廷禁其書，而新聞紙接續刊刻，中外傳播如故也。』從某種意義上來説，啓蒙是時代的需要，盡管清政府發諭旨禁了該書，民衆乃至一些朝廷大員却依舊在私下閲讀，以便瞭解外部的世界。進步的社會是開放性的，任何企圖『閉關鎖國』的努力都意味着歷史的倒退，祇有開放，與整個世界文明保持同等的步伐，纔能實現真正的强國之夢。當大批知識分子走出閉鎖的國門，親歷了文明的洗禮之後，也就把啓蒙的智識帶回了中華大地。容閎的《西學東漸記》，梁啓超的《新大陸游記》，崔國因的《出使美日秘日記》等一大批作品介紹了海外諸國的政治、經濟、軍事、外交、文化。雖然這些作品在認識上仍然帶有時代的局限性，然而却是那時最爲珍貴的聲音。

另一方面，在學術上，中國文化母體内『經世致用』思想與資産階級思想相結合，也唤起了變革，以康有爲、梁啓超爲首的改良派試圖通過自上而下的革新以實現變革。康有爲的《新學僞經考》《孔子改制考》就是借經學之表論資産階級學説之裏的著作，康有爲的弟子梁啓超更是通過《新民説》一書提出國民性改造。與早期啓蒙者『師夷長技』的器物文明引進不同，梁啓超上升到形而上的精神領域，從文化心理上更加徹底地進行變革。梁氏是清朝末年到民國初年一個橋梁式的人物，被譽爲『輿論之驕子，天縱之文豪』，其影響力不但在學術領域，同時還在文學領域，他所倡導的『詩界革命』得到了譚嗣同、黃遵憲、丘逢甲等人的響應，黃遵憲的《日本雜事詩》，丘逢甲的《嶺雲海日樓詩鈔》都體現了這種主張。這一主張要求反映新的時代和新的思想，用『我手寫我口』（黃遵憲語）的方式直抒胸臆，對長期占詩壇主流的擬古主義、形式主義產生了巨大的衝擊，解放了寫作者的心靈和頭腦。

與社會變革同步的是早期對西方思想著作的翻譯，這裏面影響最大的是嚴復，他翻譯的《天演論》《社會通詮》等書直接孕育了民國一代的知識階層。魯迅、胡適等人在文章中都曾提到《天演論》對他們思想所產生的震撼。與嚴復略有不同的另一位翻譯家是林紓，他的譯作雖然參差不齊，但却在更細膩的心靈層次對讀者產生影響，許壽裳曾回憶，他和魯迅都熱衷于林譯的小說，如《巴黎茶花女遺事》《黑奴籲天録》《迦茵小傳》等作品。

辛亥革命之後，進步社會思潮成爲主流，比之清末思想啓蒙者『求存』的追求，民國以來的知識階層深入到了更加細微的肌理，一方面呼喚社會變革，另一方面進行點滴的建設，革命并不能使所有的一切一蹴而就，在更加深廣的領域，事物的改變是由微觀而宏觀。通俗地說，比之于革命，建設的意義更大。如《中國商業史》《中國教育史》《中國倫理學史》《中國哲學史大綱》《中國小説史略》等一大批作品都是進行系統的梳理與建設的理論作品。其中，以胡適和魯迅二人的影響最大，他們的作品一紙風靡，從而成爲新文化運動的主力人物。

《清末民初文獻叢刊》收録的文獻大致上可以分爲三個階段，其中龔自珍、張之洞、魏源、郭嵩燾、薛福成等人的作品可視爲『早期啓蒙』，康有爲、梁啓超、黄遵憲、嚴復、林紓等人的作品可視爲『中期啓蒙』，胡適、魯迅、蔡元培等人的作品可視爲『晚期啓蒙』。當然，這種劃分并非嚴格意義上的，大部分啓蒙思想者隨着時代的變化，其思想在不斷進步。縱觀整個近現代史，可以發現，要求變革不是在某一個領域，由某一類人發起和完成的，而是全社會的要求。

變革，已經成爲全社會的共識。

從清末民初的文獻中，我們能够發現一種豐富性。這些作品涉及政治、經濟、軍事、教育、外交、宗教、心理、情感等方方面面，從内而外地净化着中國兩千年以來的封建積習。它不衹是對社會的改造，更是對人心靈的重塑；它首重國家社會之建設，同時亦重靈魂心智之唤醒；它是宏大的，也是微觀的；它是嚴肅莊重的，也是活潑靈動的；這些作品結構精巧，思想内容深刻，擁有濃厚的人文主義色彩，對推動社會主義建設，實現中國夢有重大意義，是近現代中國一百年來最宏富的智識與情感的寶藏。因此，整理這些文獻作品，無論是出于資料保存的目的，還是爲圖書館提供資料副本，都有不可估量的意義。

特定時代下的文獻，當它一旦形成（既指草擬，創作的完成，也指其成爲一個載體），就不可再複製了，也就意味着它將面對消亡。對于文獻資料而言，越接近歷史事件發生的時代記録，越具有研究價值。文獻本身具有不可再生性，它衹會消亡，而不會增多。盡管文獻本身的文字可以保留下來，并進行傳播，却失去了當時的時代氣息。當時的作品可能在技巧上，文字的成熟度上不及當代，但它所負載的信息，創作者的情感都反映了當時的歷史，也就是説，它具有不可替代的歷史意義。

影印的版本有三個特點，第一是擁有文獻的『原始性』；第二個特點是『未經改動的』；第三個特點是『歷史的原貌』。所謂『原始性』，也就是説，它是第一手資料，而非轉述的，回憶形成的；『未經改動的』，是指未被篡改、删節、挖補的；『歷史的原貌』是指在影印製作過程中，完全依照文獻的原來模樣……這樣製作出版的作品，無异延續了文獻的壽命。

近現代思想史上的一個最重大的思潮就是『開放』，從林則徐的『開眼看世界』到蔡元培的『兼容并包』，都是在倡導一種開放式的胸襟。而《清末民初文獻叢刊》最有魅力的部分就是『開放』這一主題，衹有融入到世界文明發展的進程中，中華文明纔能歷久彌新。

《清末民初文獻叢刊》編委會

二〇一七年四月十四日

凡例

一、《清末民初文獻叢刊》（以下簡稱『叢刊』）爲影印本，舉凡所用之底本，均爲該書之早期版本。有清末刊本，亦有民國印本。

二、《叢刊》均依底本影印，未予删改，僅代表作者個人觀點，不代表官方立場；原刊本有誤，不予校改，以保留文獻之原貌。

三、《叢刊》所用之底本，因時日久遠存在漫漶的情况，均進行了修復；底本闕文、印刷不清，均保留原貌。

四、爲讀者閲讀之便，《叢刊》中之舊底本目録未標記頁碼者，編了目次；原底本有頁碼和目録，未予重複編目。

五、爲保持文獻的原始風貌，影印本保留了原書書影（原書爲多册，則保留第一册書影）、扉頁等信息。所用底本無相應信息者，則不予妄添，以免錯訛。

目録

原刊本（清光緒七年刊本）扉頁 一
王文直公遺集卷首 一三
王文直公遺集目録 六三
王文直公遺集卷一 七五
王文直公遺集卷二 一二五
王文直公遺集卷三 一九九
王文直公遺集卷四 二六三
王文直公遺集卷五 三四三
王文直公遺集卷六 三八五

滕陽王文宣公遺集

光緒辛巳年
仲秋月栞印

同治九年二月初七日内
閣奉
上諭丁寶楨奏請將殉難道員
予謚建祠一摺原任湖北鹽
法道王東槐於咸豐二年十
二月間粵逆竄陷武昌遇賊

殉難業經奉
旨賜卹於各該地方建立專祠其
同時殉難之家屬並准附祀茲
據奏稱王東槐助守武昌悉
心防禦城陷之日大節無虧
實堪嘉憫王東槐著加恩予

謚並准其於原籍自行捐建
專祠將該故員同時殉難之
妻女家丁等一併附祀以彰
忠節該部知道欽此

朕惟致命遂志者人臣篤棐
之忱顯忠遂良者朝廷激揚
之典自來犀軒導烈馬革捐
生靡不載在旂常銘之彝鼎
爾原任湖北鹽法道王東槐
靖共在位淑慎持躬由文學

而致身入詞垣而通籍朶殿
奏淩雲之賦倚馬才工柏臺
表司直之風避驄望峻八塼
入儤聯鳳閣之崇班五馬宣
猷典熊湘之劇郡
龍章載錫豸服爰加始奏績於閩

江繼榷鹽於鄂渚洎妖氛之
壓境適銜恤而居喪人方謂
瓜代及期桃僵幸免比班超
之羈異域自可生還緬曾子
之居武城原無官守爾迺援
墨經從戎之義矢金革無避

之衷服縞登陴援枹誓衆鑿
凶門而招死士歌虞殯以勵
同仇方冀鐵牝扃威牙璋奏
凱蒼兕破飛廉之陣火牛解
即墨之圍無如銅馬鴟張紙
鳶援絶斷霽雲之指劍血猶

腥張李陵之拳鼓聲不起遂
勢窮而力竭羌城破而身亡
碧血漂乎國殤丹心誓爲厲
鬼歸元萬里先軫之面如生
瞋目九原杲卿之背尚裂考
諸謚法勤學好問曰文敏行

不撓曰直惟爾其庶幾焉於
戲繡像褒忠之觀俎豆惟馨
招魂大別之山弓刀自動稽
諸憲典爰泐貞珉貽爾後人
欽承嘉命

王文直公遺集

卷首

上諭
御祭文
國史忠義傳
山東巡撫奏請　予謚並原籍建立專祠摺
神道碑銘
墓表
序

二至五原闕

國史忠義傳

王東槐山東滕縣人道光十八年進士改翰林院庶吉士二十年散館授檢討二十三年大考二等賞文綺二十四年八月充順天鄉試同考官二十五年轉江西道監察御史二十七年十月奏劾山東地方官玩縱盜賊措置乖方各款

命戶部左侍郎柏葰等查辦尋得實巡撫崇恩等俱下部嚴議按察使徐思莊奪職並

諭曰御史王東槐陳奏得實著遇有給事中缺出即行補用仍
交部議敘十一月協理京畿道事務二十八年升戶科給事中
二十九年巡視北城訪獲巨猾曹七等治如律旋轉工科掌印
給事中三十年三月應
文宗顯皇帝登極求言詔奏陳停止捐輸封禁礦場籌畫倉儲
三條疏言每捐輸例一開鹽商輒請捐數十萬先由運庫墊發
分年扣還及覈其虧短都不堪問即如道光二十年兩淮運庫
清查案內舊欠至四千三百餘萬是鹽商捐輸者掩耳盜鈴之
術也又官員捐輸見任居多非為己身捐升即為子弟捐選所

捐之項即庫款也所虧之項即捐款也上年清查案內山東一省虧至一百四十餘萬江浙更有甚焉是見任官之捐輸剜肉補瘡之術也其弊如是是事例不停庫虧不止若開礦之舉驚擾百姓利害莫測則尤愈趨愈下也查戶部歲入之數四千四百餘萬歲出之數三千九百餘萬是經費本有餘裕督撫整理有方地方安靜寇盜不作則耗財者去一邊方慎守無生事以挑外患則耗財者又去一河防得要長流順軌不使更添別款則耗財者又去一州縣之官斥貪墨重清廉陋規力裁流攤永禁則耗財者又去一去此四害而又罷不急之工減無益之費

量入為出而財患不足者未之有也道光二十八年王大臣議
請開礦臣曾疏陳不便至二十九年順天府遵查鼇魚山等處
礦場情形得
旨封禁惟湖南江西等省尚行試辦應請一律封禁至於倉儲
之計查見存米數既足支本年新漕及採買可得米二百餘萬
石明年所闕數月糧耳應請
飭四川總督於上年報存常平倉穀二百九十萬石內撥五十
萬石運至湖北交附近停運糧船接解山東山西河南亦酌撥
常平倉米各二十萬石以實京倉既可察督撫奏報之虛實並

可驗州縣出納之當否蓋籌畫倉儲而政事在其中矣下戶部
及王大臣等議奏尋議覆
命各該督撫河道總督實心整頓並
諭曰各省開採山礦原期裕課便民除貴州一省仍令開採外
其餘各省著該督撫確切查明如果於民未便即奏明停止五
月升內閣侍讀學士九月授湖南衡州府知府十一月升福建
興泉永道廈門地瀕海俗久敝東槐抵任刊朱子試吏勸諭文
徧給屬邑復躬率紳耆爲民間講說反覆開導民皆感之漸成
善俗咸豐元年調湖北鹽法道未赴任署福建按察使舉行保

甲法親歷南台閩安各海口相度形勢於夷船往來之處設卡
樓築礮臺以資防守並令澳嶼漁戶盡編保甲以清盜源二年
三月抵鹽法道任九月以廣西會匪竄擾湖南境湖北戒嚴捐
備軍需下部優敘尋粵匪犯湖南省城東槐調防岳州適臨湘
縣土匪乘機滋事十月偕提督博勒恭武飭員弁率兵勇往拏
燬其巢匪衆遁巴陵縣境復行截勦獲首逆楊兆勝等是月丁
母憂回武昌以粵匪去長沙陷岳州仍協守省城十一月逆匪
蔽江而下犯武昌東槐隨巡撫常大淳等嬰城固守二十餘日
其城西面平湖文昌各門濱臨大江賊由江岸穴地道轟地雷

而進東面赴援諸軍聲勢隔絶城遂陷東槐以曾任監司義不受辱退回邸寓手劍麾其子其弟出走遂自鍵戶偕其妻蕭氏對縊死之三年克復武昌署巡撫駱秉章奏

聞

諭曰丁憂鹽法道王東槐著按官階加一等賜䘏該員嬰城固守臨難捐軀大節凜然允足垂型不朽著於該地方建立專祠以慰忠魂尋

賜䘏如例

賞騎都尉世職襲次完時以恩騎尉世襲罔替同治九年山東

巡撫丁寶楨以東槐殉難慘烈奏請

加恩予謚並於本籍建立專祠將殉難之家屬幕友家丁分別

附祀

允之

予謚文直子宜曧宜勷宜勰宜劼均

欽賜舉人宜曧江蘇候補知縣兼襲世職宜勷河南候補知縣

宜勰候選知縣以軍營病故

贈知府銜宜劼福建候補知縣

太子少保銜頭品頂戴山東巡撫臣丁寶楨跪

奏為陣亡道員援案籲懇

天恩予謚並於原籍建立專祠將該故員同時殉難之妻女家

丁一併附祀以昭忠節而順輿情恭摺具奏仰祈

聖鑒事竊查前任湖北鹽法武昌道王東槐由進士歷任御史

給事中內閣侍讀學士補授福建興泉永道調補湖北鹽法武

昌道咸豐二年冬間粵逆竄逼武昌時王東槐已丁母憂解任

墨經佐守悉心防禦十二月初四日城陷盡節妻女同時殉難

家丁被害者五人幼子王宜勒不知下落當經駱秉章張亮基

兩次彙案奏奉
上諭按官階加一等賜卹於各該地方建立專祠殉節之家屬
查明奏請附祀各等因欽此仰見我
文宗顯皇帝篤念忠藎已無微不至惟是該故員雖已邀沒世
之榮尚未與易名之典茲據該縣紳士前任江西瀘溪縣知縣
黃來晨等援案呈請奏懇
加恩予謚並於原籍自行捐資建立專祠由縣呈經藩司文彬
核明具詳請
奏前來臣查

賜謚係有一定品秩王東槐官僅道員與請謚之例未符惟查
前湖北荊門州知州李樑安陸府知府金雲門死難以及該故
員同案死難之漢黃德道王壽同均經奏准
予謚有案王東槐以丁憂人員本無守土之責竟能幫同守禦
城亡與亡實係大節無虧其妻女同時殉難被害之家丁五人
亦堪憫惻合無援案籲懇
皇上天恩
鴻施逾格
准予賜謚並准其於原籍自行捐建專祠將該故員同時殉難

之妻女家丁一並附祀以昭忠節而順輿情為此恭摺具

奏伏乞

皇太后

皇上聖鑒訓示謹

奏

賜三品卹典湖北鹽法武昌道王文直公神道碑銘

公諱東槐字蔭之山東滕縣人曾祖諱恕祖諱國淑父諱增韻俱以公貴贈如其官母黃氏封太恭人道光戊戌進士改庶吉士授檢討補御史轉給事中晉內閣侍讀學士簡湖南衡州府知府升福建興泉永道調湖北鹽法武昌道殉粵逆難

賜卹如例後以山東巡撫丁寶楨請

予謚文直公生於孤寒讀書尚氣節以澄清天下為志而行卒能踐其所言在御史時請停捐輸以清吏治禁礦廠以杜利端籌倉儲以培元氣雖有行有不行而力籌全局不為無益之言

為得古諫臣之誼也在興泉永時英吉利通商數違約檄領事蘇理文遵舊章無少讓在武昌時粵逆由岳州來犯公輯內應練防兵籌餉糈適聞母黃太恭人訃以兵急不忍去城陷謂其弟曰母死未葬抱恨九原吾曾任監司誓以身殉弟可乘間逃出為我訴靈前魂魄終歸事親也弟不忍叱去之遂與繼室蕭恭人均自縊年僅五十有一惜公者每言未竟其才然言人之所不能言行人之所不能行生盡其職死得其所造物於公亦云厚矣又何憾焉公卒後二十八年嗣子宜昜為刊墓碑而同年生德化萬青藜銘之曰

梟山泗水根柢鬱盤太原之王濬德彌綸實孕我公嶽嶽觥觥
媚學綺齡瓜心火掌名德日彰名德維何善容則徐紘詩則匡
當春而華飫豔覘馨
中禁翺翔讀三館書上三禮賦
賜珍上方
帝曰汝嘉實司彈奏驄馬行行岱山左右探丸竊鈇閭里譸張
帝乃震怒怒兹疆吏褫其冠裳縲絏雪之府庫發之庶政綱綱
庶政綱綱孰敢其倪維公封章海内知者瀕首咋舌曰孤鳳凰
文宗御宇

詔求直諫固茲苞桑公泣兩下焚香萬言炳炳烺烺曰停捐輸
曰禁礦廠曰備積倉
帝爲動容手書姓名置之座旁厥惟衡州地大物竊在衡之陽
亦有興泉商舶星流在海之疆敞法維髊綰兹鍵鑰在鄂武昌
公既涖止梳幽櫛滯罔不庚庚非惟言之又能行之既安既康
盛世銷兵嶺嶠么𡡉用敢陸梁一星燎原扈扈虎虎包烋燔湖湘
公躍然起則攻其心則斧其吭陣雲墨矣江濤赤矣貙貐飛揚
嚴關宵虹膏鋒飫鍔血浴元黄公乃怡然雲車風馬上叩九閶
顧爲大厲砰磅搏擊殄滅凶狂

褒忠曠典

賜廕

賜謚春烝秋嘗越祀廿八金甌息烽玉弩韜芒大書穹碑褒功

厲節乾坤雷硠後有式者青琳翠琬百世馨香

賜進士出身

經筵講官吏部尚書

武英殿總裁兼管順天府府尹年愚弟萬青藜頓首拜撰

晉贈中議大夫王文直公墓表

咸豐二年冬十一月粵寇自長沙北竄陷岳州遂偪武昌惟時鹽法武昌道蔭之王君奉母諱以墨絰佐守十二月四日城將陷君偕繼室蕭淑人先縊遂縞素自經家人埋黃鵠山樹側明年正月始具棺改斂武昌之難遭憂不避以死報

國惟君一人事

聞有

詔加等賜卹該地方建立專祠議給騎都尉襲次完時給與恩騎尉世襲罔替官兵復武昌君與淑人喪皆得歸時山東亦多

冦警其孤宜勗等於三年十一月急葬不及刻誌嗣見余丐文
表墓昔君除衡州時晤余於友人邸詢湖南風俗及初政所亟
余為告語甚詳是君與余猶素交矣余補臺在君後誼當表君
乃慨然序其狀曰君諱東槐字蔭之號次鄦先世洪洞王氏明
初遷滕自曾祖至君考諱增韻潛德未仕君生而頴異丁年嗜
學考病危遺命雖飢寒毋廢學居喪哀毀母以父言勉之乃忍
痛致力於羣經服除既冠遂飆於庠道光乙酉選拔丁酉中順
天榜舉人明年成進士改庶吉士授檢討充
武英殿纂修

國史館協修補御史歷充順天鄉試同考官文武監試官晉京畿道以陳奏山東玩盜官吏十餘員斥州縣重獄二十餘案密按皆實因受

宣廟知

特旨褒敘即陞給事中尋補户科派稽通州倉巡視北城轉工科掌印給事中

文宗登極詔求直言都御史王廣蔭舉君忠鯁敢言守正不阿陞内閣侍讀學士旋

簡衡州知府未至

授福建興泉永兵備道元年八月調湖北鹽法武昌道署福建
按察使司事二年抵武昌道任時長沙被圍浙撫常大淳調楚
北途中奏君清正明决任以岳州糧臺甫三月寇逼急令防蒲
圻通城時母夫人憂訃至請守制巡撫留之乃及於難君初入
臺即以犯顏自任舉鹽漕敝政請參折中開中法納米麥以代
鹽課兼可裁漕運雖格不行衆韙其論道光二十八年冬時議
開礦盍帑藏已
允行君敬陳
列聖封禁成訓謂開採者上非良吏下非良民請緩其令事竟

寢在街道遇王府木器車横行中路輒笞之在北城訪得惡黨
魁曹七為民害迅擒治之輦下肅然庚戌正月議陳
先帝硃諭
郊配
廟祔二條讓善至孝裁義至精不可沿例而掩
顯謨疏上發還夜半君為哭失聲嗣又條陳初政闕失宜加振
飭事關
禁密時以經費支絀言利煩興君直言破患貧之見而後治本
可端元氣可培人心可固其正大之氣洵不愧古諫臣矣其蒞

厦門閩海濱敝俗不聞禮教亟刊朱子試吏泉漳勸俗文揭於
衢傳誦多感發屬縣有蠹役訟師耡治嚴厲遠近為戰栗而至
講院與生徒談道義又温然以和居六月幾大治海上番估就
撫後好違約放恣君戒毋踰尺寸語不少巽為
國全大體尤人所不能為其署臬事以八晝夜剖汀州數任互
訐之案又自南台周歷諸海口量其沙水港汊度其人强弱多
寡思編丁練勇為設守計並令澳嶼皆行保甲未及成而去閩
閩人惜之其整飭鹽法目擊票鹽流弊更為裁浮費輕成本改
引限志在酌中復舊未及行而防岳楚人惜之君心有定力巡

城時折淫祠旂竿數百同官駭然恐神恫君笑曰吾爲正人心維風俗神其恫乎入閩時過黯淡灘石撞舟破舟人悲號君臨水祝曰苟不爲

國與民而圖其私者任葬魚腹舟立移沙上出閩時過建陽灘遇山賊欲下掠君從容待之賊觀望移時竟散去迨徃岳州竭俸爲軍資躬勵將帥夜不解衣卧時岳州戒嚴語其友曰此間文武無可共患難者已逆知吾軍之不振俄調君防蒲通而岳州果不守至蒲圻以五六百人禦大寇痛哭五上書請撫軍全調城外兵勇亟發庫藏鼓勵將士尚可嬰城固守而撫軍不能

用雖奪情奏留徒使與之同殉惜哉然君慷慨激烈部署生死
方寸不亂非人所及也君生於嘉慶七年八月盡節時年僅五
十有一元配同邑滿氏前卒
贈恭人生四子宜昜宜勤宜勰宜劼皆
特恩賜舉人長子兼襲騎都尉繼配蕭淑人福山人也生一子
宜勒六齡城陷爲僕王常攜帶潛避僕遇害遂不知所終君生
平著述疊經兵燹河決流離播遷遺失殆盡僅搜輯殘稿數十
首奏牘數篇斷簡零編容有錯訛其考訂周易大學等書以及
養心書屋原稿城陷後佚去以爲遺憾云後以東撫丁寶楨奏

請
予謚文直本籍建立專祠同時殉難之家屬幕友家丁一併附
祀嗚呼以君立朝風采超絕等倫宜至患難而不變然使總師
之臣早與君推誠布公共計城守存亡未可知也氣數之厄乃
使振古之傑惟以節見良可悲夫臺侍生會稽宗稷辰謹表

署福建按察使湖北鹽法武昌道王公文稿序

嗟乎自粤匪倡亂以來守土文武之死於難者衆矣

聖天子恩綸疊沛

賜邮

賜蔭

特命

國史館臚其行事載入列傳中宏猷亮節焜耀千秋固不必復藉其言以傳也然言以人重其人既傳則其言尤不可廢如吾友王蔭之先生之文章顧可泯乎哉先生以名翰林受知

成廟歷官諫垣直聲聞天下奏疏一出爭先快睹至今膾炙人口及外任監司帥其屬以養民正俗爲先務其禀札示諭雖狃於積習者無不深信其言之可以施行平日交友甚嚴贈答頗矜重偶有辯論動與古會必暢達其所見之理而後止使先生燕居壽考無他表見以著作入文苑儒林亦自足不朽況先生凜凜大節與忠烈諸名臣後先媲美則其文章顧可泯乎哉咸豐六年秋先生之子宜勗偕其弟三人奉

旨引

見入都與曉如遇手先生遺文乞弁言不惟情不忍辭亦義所

不敢辭也謹述崖畧以待正於後之讀先生文者至於爵里事實及殉難始末有史傳在曲阜鄭曉如憲銓謹序

王蔭之先生遺文序

余往在京師與蔭之先生未嘗相過從獨於友人處屢見其文知其蔚然篤學敦行長者也時粵寇初起天下已殫困言事者惟恐不足於財先生獨屢疏辨之其持論常在持本計綜事情不謀近功亦不為迂緩大言余以是益心偉先生及來山東其子宜劼見余東平軍次詢先生遺文則已燼於武昌城中獨其家存殘稿數十篇奏牘數首外類皆出於一時酬應無有論述經史辯明道術之作然亦蓄積和厚率意措語未嘗不篤於名義嗚呼先生行足以砥世學足以潤身明足以究事變持大體

豈非內外完好真可以任
國家之重者哉不昌其逢不遐其施使糜首蹈義於斬焉衰服
之中於先生之志節亦豈有恨而事變多故世方隱然有賢材
不振之憂茲不亦深可慨也歟余欲刻先生文未能成編書數
語歸宜劼以俟其異日之裒集云同治六年三月朝邑閻敬銘

王文直公遺集序

甲戌之夏王君宜昜謁余津門以其先文直公遺集丐序於余于時距公之歿已二十三年矣余於公為年家子方公居臺諫日直聲震天下余亦奉職詞垣議論風采既得聞而見之矣洎余秉節湖湘又公昔授命之所嘗與都人士欷歔憑弔為問當時戰爭之迹幾無能舉其詳者獨此零編斷簡猶得網羅蒐輯於風霜兵燹之餘不可謂非斯文之幸也公於咸豐初由臺閣出領大郡未至擢監司自閩移鄂治行卓然壬子冬武昌之陷卒其拏以殉嗟夫人臣内結主知外膺尺寸之柄不幸猝逢事

變誠不宜有所去就顧鄂之未陷也公方以憂解任逆知吾謀之弗用疑可去以留有待之身乃必蹈危地甘舉室以投兇暴之一燼非守義知命泰然於利害禍福生死之交而能若是歟彼委曲圖存者無論已即邂逅戕生得倖而廁忠義之林其可與公同日而語公大節彰彰如是固不必因文而傳而況其文之又足信今而傳後哉抑又聞古之以直稱者或其臣有犯顏敢諍之名而其君不必有從善納言之美有焚其稿而不欲以彰君過者矣若公夙昔所陳

郊廟典禮之大或待折衷於羣議其他言庶政得失大抵朝奏

夕可即有法令所難變者時論格之
天子未嘗不嘉與之公之能盡言
先帝之能受盡言後之人尋繹遺文必將感慕流連有以導請
獻之忠而作其氣然則公之文又烏可沒乎哉公故以文名人
之求附公文以傳者恒酬答無虛日其下筆稱述又能矜重縝
密各稱其量不以私意為褒譏[illegible][illegible]此其所以為古之遺直也
哉同治十三年七月
賜進士出身
誥授光祿大夫

欽差大臣　太子太保　文華殿大學士兵部尚書兼都察院右都御史直隸總督一等肅毅伯加騎都尉世職年愚姪李鴻章拜譔

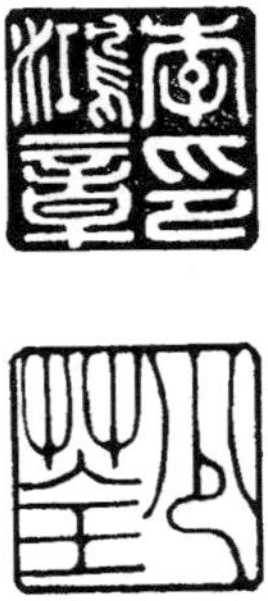

昔劉彥和論文有取於傅咸之剛簡劉隗之彈奏及班伯之讜
言皆所以貴直也我
朝崇尚節行加禮儒臣凡效命疆場以死勤事者監司而下得
邀特謚其由翰林出身者例得謚文顧嘗從事史館博稽曩編
三百年來公忠亮節後先彪炳而得謚文直者實惟我師蔭之
王公謹按會典謚法敏行不撓曰直率行無邪曰直我師官御
史時直聲震中外累疏陳奏動持大體蓋非徒賈生痛哭以博
一時之名見之所及性之所發皆將親見之行事舉今所傳各
疏讀之非即彥和所謂勁直切正而讜言者乎乃監司甫擢軍

事孔殷遽以墨經殉身惜哉慶麟為公甲辰分校秋闈所得士受知最早倫聞緒論竊附籍湜之列其時履霜堅冰杌隉已兆公俯仰時事追方欲以文章經濟一抒其磅礴鬱積之慮至危城坐困不得已而僅以節顯人謂公致命遂志而不知其志猶未伸也抑又思之汲長孺以戇直稱尚有矯詔之舉公遭遇

兩朝榮名光被而又

賞延後嗣俾羣季俱起家乙科生平副墨良緝成書較之筆端振風簡上凝霜錚錚一時而或顯或不顯者不又多乎慶麟不敏屬以遺文參校追慕前徽肅若晤昔竊幸庭詰治譜傳得其

人敬舉所知用效一辭之贊云爾

光緒元年秋七月門下士楊慶麟謹序

言居三不朽之一其至者無不傳而所以傳者有辨漠然功名之士以血氣心思才力畢寄於文章則後人不能没其獨至之詣或其人未滿人意而言之依附於道者釐而觀之固不害其爲議論也後人亦節取之且有因其言之可傳愈咨嗟惋惜於其人者矣若其人之傳無待於言言又適如其人則人之視斯言也何如耶

蔭之先生衰絰死武昌難著作燬於賊家人裒僅存者奏議數篇餘半酬應之作似無足盡公者而余反覆循誦愈知公之爲人也人臣懷大有爲之才不幸禍變猝乘不忍留一日之生以

害義不忍援可生之義以完身意其人必鐵石肝腸懔如秋霜及深窺平日之用心顧無幾微不本於性情者蓋性情所至血氣心思才力胥受治焉亦性情所至血氣心思才力胥效用者也公文於骨月師友閒死生契濶之悲道義切礲之感詠歎流連不能自已即尋常投贈頌禱莫不推極於本原無遺善無溢美務求其當而後已蓋宅心厚辨理精立德立功立言一以貫之用能致命遂志卓然爲忠孝完人昔賢論此事謂慷慨易而從容難然慷慨不本於從容烏可得也公不朽具在無待言而傳即其言想見其人可傳者何必不在是耶公詞垣諫垣皆先

余又嘗莅吾閩高山仰止始終未獲一見顏色今者公長子宜勗與余同官江南奉公文屬序公疏議之見於行事者無俟余言感公之為人就余所見者論之如此

光緒戊寅季夏館臺侍生侯官沈葆楨再拜謹敘

王文直公遺集目録

卷一

奏議

酌劑鹽漕疏
瀝陳山東地方官玩縱盜賊疏
請緩開採疏
郊配議疏
條陳初政缺失疏
請端治本疏

卷二
書記傳序
與陳敬堂書
龍河精舍記
監試記
黃説亭先生傳
張白雲先生傳
崇仁謝公家傳
劉節婦傳

貞婦劉氏傳
夏小正疏證序
送劉先生歸田序
送陳岱雲序

卷三

序　壽序

張氏族譜序代
劉氏族譜序代
杜石樵先生壽序代

盧怡亭先生壽序代

祝蘅畦先生壽序代

太湖李公壽序

顏丹山先生壽序

李藝林先生壽序

王新甫先生壽序

曹辛陽明經壽序

馬君恬侯壽序

艾竹青先生壽序

鍾太翁壽序

陳柏園先生壽序

孔俊峯先生壽序

卷四

壽序　書後　跋

閻鶴亭先生暨德配馬太孺人雙壽序

張岱華先生暨德配孟孺人雙壽序　代

張法禹先生暨德配李孺人雙壽序

繡含顏公暨德配孔宜人雙壽序　代

何母廖太夫人壽序
張母季太宜人壽序
錢母費太宜人壽序
孔君藹亭生母張宜人壽序
耿母李太宜人壽序
焦母馬太恭人壽序
孔母徐太恭人壽序
曹母李太恭人壽序
陳母田太孺人壽序

高母許太宜人節壽序
丁母秦太宜人壽序
馬母蘇太恭人壽序
書年醒農周中制劒說後
題吾知吾樂圖後
微子墓碑跋
卷五
墓碑　墓表　墓誌銘　哀辭　誄　祭文
戟門李公墓碑

節孝于太姑墓碑
宗海劉先生墓表
西湖居士靈表
和庵張君墓志銘
張苕山先生墓志銘
尚選鄭君暨配節孝李宜人墓志銘
馬君采藻哀辭
菊史先生誄
祭宗海劉先生文

祭黃雨生先生文
卷六
詩
五君詠五首
渡江
單父吟
陳橋行
壽南山先生
岳州行程

御河
懷人
廣武
贈張翼南
送程紹卿旋里
出都二首
過曹縣懷章直齋
黃河
岱頂觀日出

贈吳子序
送孫宜年東歸
祝徐壽民二首
送別二首
五日城南出遊
新柳
題畫四首
題畫八首
曾子故里二首

行河隄
河陰山
渡河
都中口號
悼亡七首
南頂竹枝詞六首

酌劑鹽漕疏

奏為酌劑鹽漕以拯積困而裕經費仰祈
聖鑒事竊惟制用之道貴在酌盈劑虛交相裨補使上下胥受其益乃為有濟現今漕務之敝極矣鹽務之敝亦極矣南漕每輸一石費至五六石明知州縣浮收而不能實為裁禁者以旗丁幫費不敷恐悞兑運也而刁衿劣監遂藉此挾制包攬抗違州縣無敢誰何民以輸納為苦累官以催科為畏途彼此相牽致使
天庾正供歲歲短絀議者因欲改折南漕招商採買然採買僅

濟一時之急未可恃為經久之計是整飭漕務終歸無術也鹽務疲累在於銀價過昂現在一歲之課視從前幾增一倍商人成本虧折不敷辦引而場竈偷漏遂為私梟所資近年議平銀價令商課輸錢而應撥之欵又未足以相抵當事諸臣相顧而不敢任其責是扶持鹽務亦歸無術也臣就鹽漕兩項反復參究以為方今之計莫若參用宋時折中明時開中之法而稍為損益變通之查宋端拱初置折中倉令商人輸粟京師優其值給以官鹽明洪武三年因大同糧儲路遠費繁令商人於大同倉入米一石太原倉入米一石三斗給淮鹽一小引鬻畢將原

引赴所在官司繳銷以省運費而益邊儲謂之開中其後各行省邊境多招商中鹽以為軍儲於時商人招民墾種築臺堡自相保聚邊方菽粟無甚貴之時公私稱便臣愚以為宜倣照其法令兩淮長蘆兩浙山東各商輸納米麥以折鹽課酌中定價以銀二兩折米一石而即以是改折南漕使交相裨補蓋南漕之弊百姓不患輸米患在漕費之過重而漕費之重患在漕務各衙門之陋規日增無所底止今令商人自為運輸不受漕務各衙門之捉搦而米價與運價乃可得權其實矣臣世居山東界接江南稔知江南之米與山東米麥其價不甚懸殊大抵山

東兗沂曹濟一帶每米麥一石以制錢二千至二千五百為平價新穀登場之時價尚不及此數自濟至通之商船每載米一石價約制錢六百而過關打閘之費皆在其中自揚至通之商船每石亦不過制錢一千以視漕運之費相去遠甚且商人辦米不必如漕船之於各水次受兌也但使長蘆山東之商於臨清開設米局則山東之兗東泰沂曹濟與河南衛懷之米麥皆可控引而至兩淮之商於淮安開設米局則淮揚常鎮廬鳳池太之米皆可控引而至縱使偶有偏災湖廣之米順流而下亦足相濟此又兼用明時支運之法而通之商運者也惟兩浙之

商赴通較遠而自海運津兼使自備撥船由津運通費亦相抵商運既便從此可以酌定米數以為常額臣查兩淮課額二百二十餘萬改折一半可輸米五十萬石長蘆課額六十餘萬改折一半可輸米麥十萬石兩浙課額九十餘萬改折一半可輸米二十萬石山東課額二十餘萬改折一半可輸米麥五萬石統兩淮長蘆兩浙山東等商共折輸米麥八十五萬石可以濟漕運之缺矣其漕運之改折則以兩淮長蘆所折之數加諸江南可減漕六十萬石可裁漕船千隻以兩浙山東所折之數加諸浙江可減漕二十五萬石可裁漕船四百一十餘隻其改折

之銀每石定以二兩徵收則江南折徵銀一百二十萬兩浙江折徵銀五十萬兩以抵鹽課撥欵其輕齎等項照舊徵輸分幫灑帶以備商米由通運京費欵如此一轉移間既於國家經費無虞虧缺而百姓輸納前以洋銀七八元輸一石而不足者今以洋銀三元輸一石而有餘而積困可稍蘇矣惟改折事宜非通盤籌算使寬然有餘必難行諸久遠商人輸米一石抵銀二兩仍恐商力不敷自合量爲調濟江浙漕船除合裁減外江南起運尚有二千一百二十隻浙江起運尚有四百三十隻若聽其仍前疲累於漕務仍無裨益亦合量爲調濟在先

各督撫每議調濟商丁苦無費欵今漕船既減則漕項之餘欵可用也夫漕項餘欵一曰船耗給丁之米一曰贈貼銀米一曰行月錢糧其調濟之法則以贈貼銀米貼商以行月錢糧貼丁以船耗給丁之米分貼商丁由是而酌定貼商之欵即以江南言之耗米一項蘇松常鎮每正兑米一石加耗四斗除隨正起交外以一斗五升隨船作耗以二升七合在水次給丁每改兑米一石加耗三斗除隨正起交外以一斗三升隨船作耗以二升七合在水次給丁以兩項合計均折之船耗與給丁之米當得一斗六升七合則正耗米六十萬石之外仍餘十萬石有奇

應折徵銀二十萬兩可酌撥十五萬以貼商其餘撥以貼丁浙江改兌之米額數較少其正兌耗米除隨正起交外船耗給丁之米與蘇松無異亦合照江南辦理又查漕糧贈貼一項山東及江安各屬每米百石徵給銀五兩米五石蘇松常鎮每米百石徵給銀十兩米五石每石例以銀一兩九錢折給浙江每石徵給銀三錢四分七釐請仍以此項合諸船耗給丁之項統爲商人津貼則長蘆山東之商每輸米麥一石應抵課銀二兩三錢九分五釐兩淮之商每輸米一石應抵課銀二兩四錢四分五釐兩浙之商每輸米一石應抵課銀二兩五錢九分七釐如

此則商人輸米抵課每石可敷餘制錢一千數百而商力可稍寬矣由是而酌定貼丁之欵查行月錢糧一項浙江及江南蘇松所屬每軍行糧三石月糧九石六斗其餘行糧自二石四斗至二石九斗不等月糧自八石至十二石不等合計均折之每軍約十有二石均本折各半行糧折色每石例價一兩二錢月糧每石例價一兩其本色以今所定每石二兩折之每軍行月糧當折銀十八兩有奇每船十軍綜計江南所減之船為銀十八萬餘兩浙江所減之船為銀七萬三千餘兩又江南船耗給丁之餘項五萬兩浙江船耗給丁之餘項二萬六千兩又浙江

贈貼抵貼山東商外仍餘一萬兩共為銀三十三萬九千餘兩以之調濟江浙起運之船每船可貼銀一百三十二兩有奇合諸例所贈貼足敷辦公而丁力可稍紓矣夫丁力紓則不得藉口幫費更肆需索而漕弊可次第革除商力寛則恤竈緝私得所措手而鹽綱可漸次整頓至裁減之軍丁亦宜妥為安置若使一萬數千無業之民計無所之豈能安靜不可不早為計也請即將裁減之船賞給該丁准其變賣以為謀生資本其原有屯田者照舊徵課以為起運各船修艌貼費總期一夫不使失所乃為計出萬全然又有法所當禁者所折銀米正耗通為一

條不得耗外加耗當禁者一漕糧改折除零星小戸不及升斗者無庸議外其餘無論大戸小戸一例改折正耗三分之一不得添攙挪移致滋紛擾當禁者二改折之米兩淮為鉅查兩淮例設總商三十名每總商可分辦米一萬六千餘石合六總商為一起其出運次序長蘆頭起山東二起兩淮三起四起五起六起七起兩浙自為一起二起漕船頭二進閘運之後即令按次插行於漕船尾幫之前掃數完竣不得逾限當禁者三商人米船應照漕船之例免其關稅給予執照到關點船放行不得盤查阻滯當禁者四商人船數米數該督撫鹽道先期開具清

單移咨戶部商船抵通自行赴部投到該部即於次日奏請
欽派大臣赴通驗收驗收以後移交倉場則胥吏經紀無所施
其狡計而戶部投文立收立拆不得稽遲當禁者五商人貼項
與改折正項一例徵抵鹽課撥欵外其旗丁貼項州縣徵解糧
道於漕船起運之時按數發給不得尅扣措勒致使有名無實
當禁者六若夫州縣之浮收漕運沿途之浮費責在督撫倉場
經紀之陋規責在倉場侍郎不貸之法在所必行此則疊奉
嚴旨申飭該管官員所當實心遵奉者也以上所陳商人輸米
以濟漕即以寬商漕糧改折以優民並以恤丁因其自有之盈

餘以補積年之困累
朝廷專以惠下為心而不使言利者得以藉口總期漕務鹽務
日有起色即
國家之大利在是矣如因循廢弛不思急為拯救則鹽漕兩項
必至潰爛而不可收拾此時轉移之機惟在
乾斷祈
飭部詳定章程使經久可行實為至要臣愚昧之見是否有當
伏乞
皇上聖鑒謹　奏

近讀鹽漕大著經濟之言佩服佩服館臺侍生陳慶鏞拜識

謀謨之遠計慮之周猶有古大臣公忠氣象年愚弟曾國藩

謹識

瀝陳山東地方官玩縱盜賊疏

奏為瀝陳山東地方官玩縱盜賊措置乖方請
旨查辦仰祈
聖鑒事竊惟捕盜係州縣專責而振厲督率則在乎封疆大吏
臣聞山東捕務廢弛已極該地方官毫無振作以致盜賊縱橫白晝搶刼之案層見疊出七月間茌平之舊縣有會試武舉被刼一案又茌平南關有搶刼錢舖一案賊衆二三百人各戴白帽該縣把總帶兵捕拏賊分其半抗拒官兵其餘搜括財物竟飽所欲而去茌平為之閉城一日又東平州之沙河站有搶刼

當鋪錢鋪一案賊衆四五百人皆以紅線繫髮自辰至未搜括各鋪贓至六七千兩是時東昌府東關亦被搶劫八月間平原之腰站有客車七輛被劫一案又有賊百餘人搶入泗水境該知縣帶役追拏賊開鎗抗拒人役驚散知縣逃入民家賊牽所乘馬去遂入曲阜之董家莊搶劫兩興順錢鋪事主受傷者四人九月間有賊數百人屯聚東阿之魚山賊首一戴紅頂一戴藍頂帶領數十人入坐鹽園客舍索銀三百兩該商不敢爭持湊付銀二百兩錢一百二十千從容攜之而去此臣所聞山東各處盜賊搶劫之情形也再以臣所居滕縣而論五月間有搶

刼紙坊村居民周姓一案南沙河有前任浙江藩司存興行李車被刼一案六月閒南三社有搶掠段姓幼孩二張姓幼孩一勒價取贖二案賊首一係李姓一係許姓涼水泉有客車三輛被刼一案贓千餘兩七月閒有嶧縣知縣馬有紱行李車被刼一案八月閒有搶刼級索集布鋪一案又有賊百餘人在官橋店住宿外插替天行道旗號遂於次日搶刼臨城王姓油鋪趙姓錢鋪李姓貨鋪各席捲一空又有賊數十人搶刼沙溝郭姓貨鋪經該汎都司帶兵捕拏擊斃十餘人拏獲二人賊始散去而是時東郭村又有賊匪拒捕殺死事主一案連月刼案多至

十餘起一縣如是他縣可知矣原盜賊之所以熾皆由於大吏彌縫粉飾惡聞報盜因而各州縣多方諱匿縱容不辦而盜賊反為得計即如存興行李車被刼一案經署滕縣事繡綸賠銀二百兩其案遂化為烏有此風各縣皆然盜賊援為口實凡刼奪行旅輙云令知縣賠汝賊勢焉得不張乎又如甯陽知縣陳鑑之妻弟協同該縣兵役拏賊在白馬廟與賊遇被賊槍戳身死屍橫於路該知縣不敢直報但云家人犯病墜馬自傷如斯諱飾非上司惡聞報盜何至於是而臬司徐思莊又以欲擒姑縱欲取姑予之說曉諭居民據所刋告示巨盜進莊勿許驟膺

其鋒致被拒傷逮其將去分攜贓物不免累重居民即鳴鑼喊捕跟蹤不釋無論二三百里必其氣餒力困然後兜拏各州縣得此告示懼長賊氛不敢張貼其措置乖方可知矣巡撫崇恩有統轄全省之責此等情形何得置若罔聞近者直隸河南奏辦盜賊皆指言出自山東該撫平日所謂整理地方者安在若謂山東查拏嚴緊盜賊逸入他省何以數月以來並未聞該撫奏辦何案奏參何案又如鄒城民人禚方溪赴京呈控一家被殺五命一案賊首李貫五尚在未獲而知縣崇亮改調滕縣巧為開脫使置身事外該撫但知為屬員規避處分而於奉

旨嚴拏之案竟不從實辦理其意何居上下相蒙習爲罷輭致
使山東一省半成糜爛 臣 聞各處盜賊多者四五百人爲一股
少者亦七八十人有捻匪有捩匪有梟匪有腹匪爲首者有仁
義王順天王大將軍小諸葛等號長矛利銳出入濟東泰兗曹
沂之間肆然無復忌憚山東地近畿輔毘連河南災荒除盜安
民若何緊要及今不嚴行懲辦設使漸成延蔓别滋事端誰執
其咎 臣 籍隸山東既有所聞不敢隱默謹將盜賊搶刼並地方
官玩縱情形據實陳奏現在
欽派大臣前往浙江查辦事件路過山東應請

旨即交該大臣就便查辦是否有當伏乞

皇上聖明鑒察謹　奏

請緩開採疏

奏為各省盜匪未盡帖息請緩開採之令以杜生事之源竭瀝
愚忱仰祈
聖鑒事竊臣近閱邸抄見宗人府大學士軍機大臣會議戶部
籌備庫款事件並會同戶部另議章程五條既皆得
旨允行矣臣查該王大臣等原議各款若鹽務之變通河工之裁減錢糧之清查漕米之改折無非因現行成規圖維補救如果各督撫振刷精神實心經理務使足國裕民兩有裨益法無不行倘專以剝下奉上為計弊且滋甚所謂有治人無治法也

其辦理合宜與否尚當需之時日以觀後效惟開採一條我
朝二百餘年未嘗經見雖四川兩廣雲貴等省設有銀稅亦祗
因銅鉛礦內間雜銀砂查明定稅用絕私爭其餘仍行禁止自
康熙以來疊頒
諭旨重復申明今若概弛其禁通令各省徧為查勘廣行開採
臣恐天下自此紛紛多事矣意者謂開礦之舉以天地自然之
利還之天下可以富國可以養民臣查自古及今治亦多術然
並無此富國養民之治術也康熙五十一年奉
諭旨原任四川巡撫能太曾具摺奏聞開礦後又奏稱江中有

銀派官監視撈取以為兵餉朕以此二事俱不可行隨硃筆批
發觀此二事即知能太必貪等因仰見
睿照旁燭洞澈幽隱可知督撫奏請開採決非廉吏紳民呈請
開採斷非良民既乖政體安所得有治人乎然誠使利害之間
確有把握富國而不至病國養民而不至厲民則心計之術亦
自足為效於國家臣就原議條欵反復研求又未見把握之何
在也夫開礦之弊虧折成本害在商騷擾地方害在民拖累州
縣害在官其害猶小惟聚集多人滋生事端實害之甚速而最
巨者今議者乃以銅廠煤窰未聞滋事遂據以為不足深慮殊

不思金銀乃天地間寶貨若使如銅與煤之易得而多有天下將不復貴之而亦不復爭之矣故人聚而苗絕無所得食則轉而爲盜爲刼此廠之苗絕而無食者若干人彼廠之苗旺而礦發者若干萬相廹相耀以至相激而爭皆必然之勢不可不慮也臣查雍正二年兩廣總督孔毓珣奏請於廣東開採以濟窮民奉

諭旨昔年粵省開採聚集多人以致盜賊漸起鄰郡戒嚴是以永行封閉夫養民之道惟在勸農務本若皆舍本逐末各省遊手無賴之徒望風而至豈能辨其姦良況礦砂乃天地自然之

利非人力種植可得焉保其生生不息今日有利聚之甚易他日利絶則散之甚難爾等揆情度勢必不致聚衆生事庶幾可行若招商開廠設官收稅傳聞遠近以致聚衆藏姦則斷不可行也五年湖南巡撫布蘭泰疏奏開礦事宜奉

諭旨開採一事目前不無小利人聚衆多爲害甚巨從來礦徒率皆五方匪類烏合於深山窮谷之中逐此末利今聚之甚易將來散之甚難也至於利之在公在私尚屬細事爾果欲盡忠藎何必諄諄以利爲言豈不聞有一利必有一害爾當權其利與害之輕重大小而行之耳各等因

聖謨洋洋於礦廠利弊周悉無遺誠萬世之法守也如謂康熙
雍正間財賦充溢無需此戔戔細利今者經費不足正當酌盈
劑虛以資流布抑思爾時州縣若何完固威勢若何震懾猶致
礦匪肆起鄰郡戒嚴今日之民彫敝甚矣不可復騷動矣雲南
回匪初經平定民氣未復四川蟈匪時時竊發江南山東河南
之捻匪會匪雖經懲創根株尚未盡絶今復開立礦廠為盜之
招萬一聚而滋事如昔年粵省礦案民窮財匱之時竊恐更煩
聖慮臣所為私憂而過計也臣　查道光元年九月江西護撫邱
澍棠奏山場產有金苗請飭封禁奉

上諭所見甚是著即照該護撫所議永遠封禁等因欽此本年

十一月王大臣議奏開採章程既經

允從猶

諭以如果不便於民或開採之後弊多利少亦准奏明停止我

皇上惠愛斯民之至意洵屬無微不周而臣猶以為言者臣愚

以為與其開採不便之後再行停止地方已受其害何如於未

經開採之先深思長計以彌患於未形所有廣開採一事應請

旨飭下各省督撫停止查辦載申元年之

成命益宏

列聖之顯謨使百姓得安無事之福將
國脉民生咸受其益則天下幸甚臣職司言責兼掌封駁若知
其不可而緘默不言上負
君恩下慙官守是以罔避罪戾冒瀆
宸聰不勝悚惕伏乞
皇上聖明鑒察謹　奏

郊配議疏

奏為遵
旨敬謹議奏事正月十六日内閣奉
上諭朕恭讀
硃諭遺命四條内除無庸建立
聖德神功碑及斟酌各件供奉收貯謹當遵行外至
諭令無庸
郊配
廟祔二條事關尊崇鉅典朕不忍遽從不敢遽定著王大臣會

同九卿翰詹科道敬謹詳晰妥議具奏欽此　臣謹按郊配之義
在於報本返始祭法載虞夏商周之郊蓋皆開國以前有功德
於民者此報本之義也孝經又云嚴父莫大於配天而舉周公
郊祀后稷宗祀文王以明之考周公制作在成王之世后稷配
天不及文王文王配帝不及武王成康而下更無聞焉蓋讓善
祖宗嚴父之義也兩漢郊配猶遵斯義不改至唐宋乃有並配
之制唐垂拱時以高祖太宗高宗並配矣宋仁宗時以太祖太
宗真宗並配矣然旋配旋罷訖無定議此唐宋之失也我
朝自順治五年恭奉

太祖配饗
圜丘自後
聖
聖相承至今
七聖配
天實往古所未有我
大行皇帝深覽古今得失之由
遺命不行
郊配之禮 臣 深維詳繹有以知裁義之精矣蓋德有無窮而禮

有所止在禮天子七廟猶有不越之規況在郊配而反多於七
廟之數斯其可以示後世乎且郊廟相為表裏七世以外即在
祧遷之列若使世世郊配必應世世不祧而宗廟之禮從此窮
矣又況傳世既多郊壇之上必致無地可容若使裁約幄案減
損豆籩既不足以稱盛典勢且蹈唐宋故轍紛議更張大可懼
也我

大行皇帝洞見及此是以因心制義以身作則誠欲定一朝之
制垂萬世之守

遺命諄切不容更生他議蓋必如是而後

三祖
四宗妥侑
郊壇與
天無極夫讓善
祖
宗至孝也立法垂世至仁也拘相衍之成例昧繼述之遠圖使
至德顯謨掩而不彰臣子之所不敢出也臣愚以為
郊配之禮宜謹遵
硃諭無庸舉行為得禮之宜至

廟祔一條現由王大臣等會議按禮舉行應無庸另議所有臣
敬謹遵議緣由恭摺具奏是否有當伏乞
皇上鑒察謹　奏

條陳初政缺失疏

奏為初政缺失宜加振飭謁瀝愚悃仰祈

聖鑒事竊維為治之要欲正天下先正朝廷欲朝廷之正必先察其不正之幾而嚴為防之夫事幾之萌其始若視為無傷逮積漸既久相乘益甚每致不能復挽蓋綱紀一弛萬事隨之矣今者

朝廷清明邪慝萬不敢作然一二端之缺失豈無形見於事幾者臣得切指而陳之即如軍機大臣撰擬

詔旨其專責也前者奉

旨會議大禮由內閣抄出
硃諭遺命四條內無庸
郊配
廟祔二條及無庸建立
聖德神功碑一條均有
硃筆分註此條入
遺詔等因及軍機撰擬頒發未經列入　臣竊疑之夫
遺命即
遺詔也縱無分註亦宜列入況分註彰彰如是何得違廢不遵

當是時
皇上在哀慟迫切之中百官總已聽於冢宰一切大關目所在
軍機大臣不一力擔荷過將誰諉儻謂大禮未經議定各條不
妨從缺豈知
詔與議禮原可並行不悖必欲掩飾護覆何以示天下之大信
乎且軍機者政治之樞紐也軍機不職天下事之乖悞者多矣
此紀綱之宜振飭者一也 臣 閱邸抄二月初六日定郡王載銓
等於
召對時與尚書陳孚恩語言辯論奉

旨著一併交各該衙門議處等因欽此諸王因何辯論　臣不能
知而是日所奏則為議禮事件諸王若辯論禮之是非可否原
係遵議所得言也至於如何降
旨及分別議奏各摺之存發則
皇上與軍機大臣若大學士穆彰阿及陳孚恩等所商辦之事
非諸王之所得言也非所得言而言是謂侵官侵官者干政之
漸干政者壞法之漸履霜堅氷可弗慎乎諸王等既經議處無
庸復議矣　臣以為當防其後也查嘉慶年間儀親王曾總理部
務旋以啟事而罷成親王曾在軍機處行走旋以與

國家定制未符而罷可知遇待諸王原有體制惟不假以事權庶不致驕恣縱越以干法紀此紀綱之宜振飭者又一也以上二條皆初政鈌失所形其端甚微其流甚鉅於此先正則中外莫敢不一於正矣臣愚昧之見罔知避忌是否有當伏乞
皇上採察謹　奏

請端治本疏

奏為破患貧之見杜言利之端以端治本而培元氣仰祈

聖鑒事竊惟政事之得失係於君心國家之安危係於民心記曰德者本也書曰民惟邦本本豈有二哉蓋君心常視民心為權衡則施之政事皆得其宜而天下理矣我

皇上德性淵冲恭默思道諸凡聲色狗馬遊觀玩好之緣早已昧爽丕顯力為禁絕無俟臣之動色相戒也臣所竊竊然慮者惟恐患貧之見中於意念耳數年以來經費支絀每遇撥款動形周章而賦稅所入虧短益甚此得不為之慮乎去年江浙被

水減漕過半京倉所儲僅支一歲各省籌辦米石尚無端緒此
得不為之慮乎然患貧之見一形竊恐言利之徒乘間而入掊
克聚斂將使民生日促元氣日耗則患有甚於此者蓋百姓之
貧匱亦甚矣自銀價昂貴民間暗加一倍之賦既苦於拯救之
無術又水旱傷之盜賊奪之貪官汚吏捶楚而朘削之疲氓所
餘豈復更堪求取而巧為理財之説者未嘗不曰無損於民有
益於國夫財而不取諸民必別有神輸之術則可不然不取諸
民仍是虧短國帑耳試以捐輸言之每事例一開鹽商輒請捐
輸數十萬先由運庫墊交然後分年扣還及核其虧短都不堪

問即如道光二年清查兩淮運庫案內舊欠至四千三百餘萬則與其捐輸何如繳欠與其運庫墊交分年扣還何如運庫先行提撥再令繳欠扣補故鹽商捐輸者掩耳盜鈴之術也又捐輸一途現任官為多非為己身捐升即為子弟捐選所捐之項即正賦也所虧之項即捐欵也去年清查案內山東一省庫虧一百四十餘萬江浙更有甚焉逮清查既行而捐輸遂無應者其故可知矣事例不停庫虧不止故現任官之捐輸剜肉補瘡之術也捐輸之弊如是乃其術既窮更復易為開礦之舉驚擾百姓利害難測可謂愈趨愈下矣孟子曰貨財不聚非國之害

也又曰無政事則財用不足臣查戶部歲入之欵四千四百餘
萬歲出之欵三千九百餘萬是
國家經制本有餘裕縱遇偏災無傷大局而財患不足者則政
事之不修也督撫整理有方地方安靜寇盜不作則耗財者去
一邊防慎守無生事以挑外患則耗財者又去一河防得要長
流順軌不使更添別欵則耗財者又去一州縣之官斥貪墨崇
清廉陋規力裁流攤永禁則耗財者又去一去茲四害而又罷
不急之工捐無益之費
皇上躬行節儉為天下先戶部諸臣先事持籌必量入為出無

量出為入如是而財患不足者未之有也至於倉儲之計現米既足支一歲今年新漕及各省採買之米猶可得二百餘萬石明年所缺數月糧耳查道光二十八年六月四川總督琦善題奏內稱實在存貯常平倉米穀麥莜豆粟青稞二百二十九萬餘石應令該省沿江各州縣酌撥米穀粟麥五十萬石僱覓商船運至湖北令附近停運漕船迎接北上山東山西河南亦酌撥常平倉米麥各二十萬石以實京倉不得以霉變一語希圖搪塞如是辦理既可察督撫奏報之虛實並可驗州縣出納之當否蓋籌畫倉儲而政事在其中矣夫財用之足在政事政事

之修在同民同民之道在去利仲虺之稱湯曰不殖貨利周公之稱文王曰以庶邦惟正之供可知正供之外凡有求取皆為爭利於民故大學重戒言利之小人以是為同民好惡而已今之兵威非能震懾中外也寇盜災害非不迭起間生也而百姓安固而不搖者以

列聖深仁厚澤有以固結其心耳此

國家之元氣也

皇上涖政伊始天下熙熙然想望

仁政之行

德教之施奈何以患貧之見重疑天下而不明示以不貪爲寶
之意乎查道光二十八年十一月王大臣議請開礦一條臣在
戶科給事中任內曾具疏言其不便留中未發道光二十九年
五月順天府遵查鼇魚山等處礦場情形奏奉
諭旨著嚴行封禁等因欽此惟湖南江西等省尚行試辦相應
請
旨飭下各該督撫一例封禁其餘財利非經制所有者概行停
罷庶使百姓咸知農桑爲本務賦課爲正供外此一無所利焉
將安固不搖之氣培之益深由是遠小人除稗政所謂同民心

而出治道者未嘗非

國家根本之計也臣愚昧之見是否有當伏乞

皇上鑒察謹　奏

與陳敬堂書

敬堂先生閣下日前過訪聞尊體患痔未敢相擾繼東槐遘疫纏綿二十餘日今幸少間唯尚畏風是以未獲叩領教益然中懷有不能默者謹以達諸左右前月東槐至山左會館周覽門庭堂室堅緻壯濶歎頌閣下恢斥前基獨力經營足被諸百年之久為功於桑梓甚鉅後至造作處見工人方摶土為像被以彩飾問之則曰井龍王也且將更裝文昌帝君供諸高閣東槐竊以為誤矣會館為鄉士大夫萃聚之所大比則以待公車若設神像反類乎浮屠道士所為不問而知其不可也且閣下之

所以為此豈不以都中各省會館無不奉帝君者遂謂文運攸關不禁從而效之與惜乎未據帝君事實一核之也東槐近讀朱竹垞開化寺碑及惲子居文昌宮碑陰錄頗得其概竹垞據史記文昌宮一曰上將二曰次將三曰貴相四曰司命五曰司中六曰司祿證諸周禮以槱燎祀司中司命謂文昌之祀古有其文而非今所祀帝君之謂又謂古之祀文昌為司中司命令世所祀之帝君則司祿也其言蓋有深慨周書愚作文昌宮記本竹垞之說而申之大暢周禮槱燎之義論則正矣然如其說當云司中之神司命之神否則云文昌之神而不當號為帝君

也令之號爲帝君者蓋非周禮所祀乃四川梓潼嶺之張惡子耳考崔鴻後秦録姚萇隨楊安伐蜀至梓潼嶺見一神人謂之曰君早還秦秦無主其在君乎萇請其姓氏曰張惡子也後據秦稱帝立廟梓潼嶺祠之李義山張惡子廟詩云下馬捧椒漿迎神白玉堂如何鐵如意獨自與姚萇亦其事也自後特著靈異唐封濟順王宋封英顯王至元乃封輔元開化文昌司祿宏仁帝君以帝君牽合星象自此始則竹垞所謂司祿者是矣又按太平寰宇記濟順王本張惡子晉人戰死而廟存或云神姓張諱亞子其先越嶲人因報母仇陷縣邑徙居七曲山墓在梓

潼縣東據此二語帝君蓋武人竹垞所以有司祿無事於文之論而世乃以為文運攸關不亦昧乎且凡祀帝君無不配以魁星朱衣尤為無稽史記天官書斗魁戴匡六星曰文昌宮蓋魁者斗之首杓者斗之柄魁之不可以名星猶匡之不可以名星也審矣惲子居云朱衣神蓋因歐陽文忠公而附會之侯鯖錄所云乃刺關節者得售以誣文忠不可訓也今按錄載文忠詩云文章自古無憑據惟願朱衣暗點頭又云清夜夢中糊眼處朱衣暗裏點頭時子居之言不亦信哉是以熊孝感題貢院聯云赫赫科條袖裏常存惟白簡明明案牘簾前何處有朱衣得

其實矣夫帝君之無與於文事如彼魁星朱衣之附會如此但使假其靈異以振厲愚蒙猶或有說若專立其祠於會館欲驅士之服習文章諷詠六藝者相率而於是皈依焉此在他省猶不可而况山左乎蓋山左乃聖賢桑梓之地名臣碩儒後先輩出遠者無煩舉似姑以近世言之傅聊城以大魁作名相

本朝以來褎然舉首矣繼此如李鄰園之文武經緯郭華野之剛性直言劉文正之清裁峻望卓卓乎光河嶽而炳日星也即以文論漁洋之詩石菴之書東皋之文均橫絕一代海內仰如山斗隨舉一人曷不足當文昌者而顧有取於梓潼嶺之張惡

子耶顧東槐之意尚不在此城南浙紹鄉祠歲以八月廿七日設畫像祀孔子都中士大夫會者恒數十百人威儀抑抑俎豆莘莘東槐欽而慕之以為知所尊奉如是柰何以山左而反謝之乎曲阜聖跡殿石刻像三以行教像為最真乞屬孔誠甫恭拓一本敬謹裝池櫝而藏之奉諸閣上逮祭期請而懸諸廳事合山左仕者學者虔肅致祀於典則正於禮則宜況當會館落成之時尤當務之至急者閣下誠得鄙說而行之為前人補缺陷為後人示法守庶幾閣下建置盡美善而無虧錯矣至帝君諸像未成則罷之已成則奉諸他廟可也井亦五祀之一但設

井神牌位可也區區之見惟高明裁之不宣

龍河精舍記

宇內不少佳山水幾被梵宮占盡梵宮者釋子選佛之場非儒生譚道之場也然叢林寶刹往往有古人讀書處其故何與人之處世糾牽於塵緣俗務中襟懷日以卑性靈日以塞以故潛學之士決然舍去自處於寬閑寂寞之境其踪跡類與方外人伍林泉供其徜徉烟月資其嘯傲夫然後其會之也遠其遇之也真及其發為文章亦將超然遠絕若雲中鸞鶴不知塵埃為何物此豈必乞靈於梵唄而山水之滋夫人心者非偶然也嶧治西北有普照寺亦梵宮而據山水勝地者寺後闢地一區為

堂三楹左右翼靜室三短垣繚之蔭以嘉木舊為鄉人士論文譚藝之所繼經久廢道光乙未秋好事諸君子起而葺之招余與同志七人讀書其中顏曰龍河精舍龍河發源巨梁山蜿蜒曲折環峰而下逕寺門滙於薛時當山漲暴發飛龍螭吼蛟鼉轟雷激霆頃刻萬狀曲江濤不是過也又或芳草被岸烟柳拂堤三五釣童時垂綸晴波間桃花片片與魚沫相上下仙源境界彷彿似之洎乎木葉脫寒流清月明而沙白岸高而潭虛宵分罷讀聽斷冰衝石子淙淙作聲更令人起塵外想余乃俯仰而歎以為此偏隅之秘藏實天地之假我以至文也今與諸同

志得以論文譚藝於此不亦厚幸矣哉雖然余之處此亦不過如雪泥鴻爪翻然且去所望鄉人士葆厥天真奮其藻彩輝映龍河巨梁間則此精舍之修當不徒為山水狀景色已也不然精舍亦釋子選佛之塲耳又何與儒生事哉

丙午順天鄉試監試記

貢院在崇文門内居京城巽地與觀象臺相望易曰觀乎天文以察時變觀乎人文以化成天下義當取爾也其赴貢院之道於西則爲觀音寺胡同爲水磨胡同於東南則經觀象臺下由鯉魚胡同入貢院前垣東西各一門又於照壁兩旁各闢一門南向統謂之磚門其内兩坊對峙東曰明經取士西曰爲國求賢坊下爲點名散籤處又内爲東西内磚門門各三爲搜檢處其外爲巡察廳其内正中爲天開文運坊坊之北則貢院大門也門五士子入場日閉中門須

旨諭下及有摺奏始開其左右四門為王大臣搜撿處大門內
東為五魁祠祠三楹西向中奉文昌帝君次為朱衣次為司水
張公次為魁星次為土地神監臨提調於宣
旨日致祭遵為故事二門門亦五左右四門為散卷處中門啟
閉如大門放塲則皆自中門出又北為龍門龍門下為稽查接
談換卷處龍門內為東西文塲龍門兩旁南向斜出為東西龍
頸文塲之中為明遠樓其聯曰夜靜文光冲北斗朝來爽氣挹
西山聯與額原王覺斯書此則嘉慶丙子孟秋楚翹秀墅所重
摹者四隅瞭望樓各一與明遠樓相拱向明遠樓上設紅藍牙

旗四其下左右為二井供文場之汲明遠樓前甬道東古槐一株數百年物也三人合抱僅交一臂枝葉旁蔭十餘尋高與樓等樹下龍字號每科雋者為多甬道兩旁各設柵欄飾以朱起龍門北接至公堂所以隔別東西者東文場號舍編字六十為號四千四百七十四其東北新添號舍為小東天編字十一為號二百二十一西文場號舍編字五十八為號四千八百五十一其西北新添號舍為小西天編字四十七為號八百七十四共號舍編字一百七十六為號一萬四百二十至公堂南臨文場北控內龍門為監臨監試提調辦公處其東為敬事堂為東

堂又東為謄錄所為對讀所又東為供給所其西為監試廳又西為受卷所為彌封所而外收掌所即至公堂之東房提調房居其西至公堂額相傳為嚴介溪書秀楚翹重修貢院撤而易之既書之數四都不稱乃仍其舊蹟而加新焉今觀其書顏筋柳骨雄健遒偉使介溪不作宰相不當為一時名士耶敬事堂額乾隆戊午良月宛陵梅瑴成題東堂額梅庵鐵保題跋云嘉慶元年三月余與平湖沈少宰同知貢舉朝夕聯吟興頗不乏將撤闈題此以誌不忘二堂滿漢監臨居之其餘諸廬舍則執事各官之所息也至公堂正中懸掛

高宗御書額聯額曰
旁求俊乂上鈐
乾隆御筆之寶聯曰
立政待英才慎乃攸司知人則哲與賢共天位勖哉多士覲國
之光又石刻
御製詩序曰
幸翰林院賜大學士及翰林等宴因便閱貢院乃知雲路鵬程
誠不易易也得詩四首詩曰
翰院瓊筵酌令辰棘闈來閱鳳城闉百年士氣經培養寸晷簷

風實苦辛自古曾聞觀國彦從今不薄讀書人白駒翽羽傳周
雅佐我休明四海春盡道文章接上台菁莪樂育濟時才千秋
得失非虛也咫尺雲泥亦幻哉若有淚眶啼桂落郎無笑口對
花開鳳池多少簪豪者都向龍門燒尾來萬里扶搖正翩摶飛
龍利見豈爲干志賢聖志應須立言孔孟言大是難見說經綸
推國士從來桃李屬春官但令姓字朱衣點郎惜三條淚燭殘
周遭闈棘院沈沈景物當前總入吟才擬圭璋方特達文歸雅
正薄艱深禹門魚變辭凡水喬木鶯遷出故林寄語至公堂裏
客莫教氷鑑負初心後書

乾隆九年十月二十七日御筆下鈐二寶一曰

惟精惟一一曰

乾隆宸翰前懸

上諭三道一為乾隆二十四年十一月二十七日一為乾隆五十四年四月十八日一為乾隆五十七年十二月初四日俱恭

載

欽定科場條例至公堂後一門北向額其內曰龍門鎖鑰康熙丁丑春日王澤宏題其後則內龍門內龍門之北堂曰聚奎為考官閱卷處後有川堂左右為刻字刷印處又北為會經堂旁

列十八房其西南為內收掌所會經堂居貢院最北後則棘牆周之此貢院之大較也道光二十六年舉行丙午科順天鄉試

八月初六日

午門宣

旨東槐蒙

派充內場監試官即於是日冒雨入闈同事者為給事中興福建巖增齡海亭黃鐘音穀甫御史文光覲楓齡椿壽泉何桂馨一山戴絅孫雲帆八人分處至公堂及龍門左右東槐與何一山乃於東龍頣分屋而居是科監臨官一為副都御史靈桂鄉

生一為順天府尹李德吉人與外塲監試御史奕淶溶川李恩慶季雲錫光載之李道生晴川皆先期所命順天府丞張錫庚星白為提調官則例也其正考官為户部尚書祁寯藻湻甫副考官為兵部尚書文慶孔修吏部侍郎福濟元修同考官為翰林院侍讀許乃釗贊善趙振祚編修宋晉劉琨羅傳球史湻趙昀倉景恬竇奉家張金鏞鄭瓊詔車順軌章嗣衡王芳金昀善史致諤主事毓禄英湻内簾監試為給事中秀毓芝田御史楊銘柱峴峰先後俱入内龍門其内外簾執事各官則於至公堂掣籤分所内收掌所則主事定綸張觀鈞

外收掌所則主事黃楷盛受卷所則中書伍蔭棠主事曾詠丁希僑沈丙瑩華日新張金鑒助教善廉葉布總彌封所則中書唐恩壽主事慎毓林曾兆鼇學正周學源謄錄所則主事秀平陳敬簡光祿寺署丞榮肅七品小京官許岦對讀所則主事趙綬章曹尊彝夏家泰鄧廷枏而執事委官亦分派各所及門堂號舍各任厥事是日點進謄錄書手並工匠吏役人等順天治中送進三場試卷六十箱謄錄卷二十七箱午後雨止彈壓左右翼副都統劉鉦貝子綿清隨帶叅領章京亦至與巡綽瞭望等官俱處於東西龍頭外供給送杯盤金花主考加大緞各二

疋房考加聘禮銀牌各一提調送酒脯飯於至公堂又兩用監臨關防鈐蓋頭塲試卷終夜始畢初七日揭示迴避名單點進號軍分給考官科塲條例送進內簾應用書十七箱印頭塲試卷號戳初八日

欽命頭塲四書詩題及宗室塲題封到監臨迎接送進內簾是日分四門點名散卷何一山齡壽泉值東左門分散鑲黃旗正白旗奉天府錦州府永平府河間府冀州易州南皿之浙江等卷東槐與文覲楓值東右門分散鑲白旗正藍旗北皿中皿順德府大名府宣化府定州南皿之江西等卷北皿者順天河南

山東山西陝甘中皿者四川兩廣雲貴也興建巖黃毅甫值西左門分散正黃旗正紅旗順天府廣平府承德府遵化州南皿之江南等卷增海亭戴雲帆值西右門分散鑲紅旗鑲藍旗保定府天津府正定府深州趙州南皿之湖廣福建等卷外場則錫載之值東左李晴川值東右奕溶川值西右李季雲值西左卯正點名未正畢入四門共點進士子八千二百七十名先是順天塲務廢弛士子於磚門領籤後紛赴前門外觀劇至暮乃還排擁而進唐突呌囂至裂毀試卷數百本其入者則紛紜雜沓甬道中竟夜不能就緒當事多干吏議而弊端叢集不可窮

詰於是給事中劉光三御史曾望顏先後奏請整頓場務於是八旗南皿分置四門添設識認官搜檢侍衛散卷處弁兵士子入龍門稽查大臣視卷面分其東西放入柵欄門門有委官守之既入號舍號軍嚴持其關監臨監試副都統提調則又於封號時分逐清查加鈐戳記而中式舉人亦於是時添設覆試至丁酉曾更以順天府尹為監臨力挽頹波三令而五申之士子由是知守法度不似從前之擾擾矣既點進士子乃鎖院分字查號東槐分查文字至效字七百餘號用關防鈐蓋二場試卷子夜內簾送題紙出交管號官查點分給首題不曰堅乎磨而

不磷不曰白乎湼而不緇次題文武之政布在方策其人存則
其政舉三題如知其非義斯速已矣何待來年詩題賦得一行
斜字早鴻來得秋字五言八韻題紙散畢歸寢漏五下矣初九
日印二塲試卷號戳晨給士子粥晡給飯肉鹽菜自是輪班值
夜監試分四班東槐與齡壽泉為一班增與何為一班興與戴
為一班文與黄為一班監臨靈為一班李為一班提調為一班
副都統為一班每以兩班相遞代初十日在至公堂恭祝
萬壽設香案行三跪九叩禮監臨副都統提調居前為一行監
試次行外簾官三行四行是日放塲收卷每放五字以次啟閉

十一日點名散二場卷除違式帖出及不到外點進士子八千二百二十六名查號如頭場用關防鈐蓋三塲試卷夜内簾出五經題紙十二日給士子粥飯内簾交出進

呈二場題筒並奏摺題筒長三尺餘徑約二寸納題紙其中鎖之裹以黃綾垂其兩端外置鑰加封馬出時主考於内龍門跪交監臨鞠躬接受供於至公堂乃傳號開貢院門送交聽事官赴

圓明園内閣投遞凡摺奏皆然印三場試卷號戳頭場硃卷進内簾十三日放場微雨十四日點名散三場卷點進士子八千

二百七名查號如二場與建巖小疾爲代查制字位字一百六十餘號飯於至公堂外供給送月餅酒鴨是日監臨奏三場士子安靜夜內簾出五策題紙十五日給士子粥飯內簾交出進呈三場題筒貢院每日啟門一進供給惟初九十二及是日除發題筒外不得更叅一事蓋此三日爲士子作文最要之日故倍慎之晚集於至公堂是夜月明如晝十六日放場每放三字以次俱啟是日監試掣籤分留四人於是黃榖甫文觀楓齡壽泉戴雲帆出副都統叅領章京出管號委官散卷書吏號軍除留辦宗室場外俱出東槐乃與何一山移居至公堂東十七日

宗室鄉試黎明彈壓宗人順承郡王春山隨帶宗人府司員到
闈分兩路點名散卷與建巖何一山值東東槐與增海亭值西
共點進宗室七十八名協同宗人府司員查號如故事內簾出
題紙交號官分給書題面亦何常師之有詩題賦得萬寶告成
得豐字五言八韻食時給粥日入放場郡王出是日雨進頭場
硃卷畢十八日宗室卷加彌封進內簾監臨李吉人出闈復
命受卷官並書吏醫官營弁號軍俱出二場硃卷進內簾二十
日彌封官並書吏出黃穀甫出闈時留借陽明文集一函公事
稍暇日取讀之見其經理南贛思田及平宸濠詳審精密步步

脚踏實地做來而公誠之心形於文墨陳壽評諸葛集語陽明足當之矣後儒乃以其講學主良知疵之何耶二十一日内簾交出進

呈擬中宗室卷是日進二場硃卷畢二十二日於至公堂填寫宗室榜中式桂崑等四名李吉人到闈隨榜出外收掌官黄楷盛患病奏請扶令出闈以謄錄官陳敬簡接辦外收掌事三場硃卷進内簾二十四日謄録官並書手出曹尊彝荔塘過飯以擬墨見示二十五日對讀官並書手出是日進三場硃卷畢除違式扣除外共進卷八千一百六十四本二十六日監臨奏揭

曉日期二十七日日入時東方紫氣浮天半次日日出時亦然
三十日内簾交出進
呈擬中前十名卷九月初一日擬中卷發回交内簾自前月二
十日後闈中事漸少薌生星白時時過談蓋薌生與東槐為會
試同年其視星白一山皆翰林察院前輩也臭味無差性情不
遠每有佳味輒相饋遺或各出厨下所有共案而食相聚每至
夜分一山固名宿善清談而星白多蓄六朝唐宋碑版鑒别評
隲灑灑可聽薌生尤
天潢近派習識

朝章典物熟於
國語所發皆人所未聞東槐追隨諸先生後真闈中一樂也初
三日張星白
派查左翼覺羅學具摺謝
恩初四日出內簾應用書交順天府初五日查出彌封錯誤奏
請將彌封官議處初七日李吉人到闈同赴聚奎堂填榜聚奎
額前上懸朱匣又前懸
上諭三道一為乾隆四十四年八月初三日一為乾隆四十八
年五月十二日一為乾隆五十七年十二月初四日俱恭載科

場條例旁掛數聯曰棘院風清靜聽儒生吟霽月杏林日暖行看太史奏卿雲曰老去復衡文鑒別敢云雙眼豁年來頻相士虛公惟許寸心知曰赫赫科條袖裏常存惟白簡明明案牘簾前何處有朱衣俱環川熊賜履題一為甲戌春一為丁丑春一為庚辰春曰川嶽有靈皆毓秀文章無價不求媒康熙丙子小春吳興沈愷曾題曰日月光華運會當唐虞之際宮商協應文章在雅頌之間康熙四十一年歲次壬午仲秋順天府尹婁東錢晉錫題堂後壁稍東石刻明關中東白王圖及子淑汴詩王圖庚戌取士書於聚奎堂詩云禁城二月已春深鎖院親承帝

命臨萬國人倫歸大治千秋衡鑒重詞林晴開墨霧光初射月倚奎垣漏欲沈漫説公門桃李事何如葵藿報恩心後記云此家大人萬歷三十八年春塲壁間詠也自歸田一紀剎落已久新天子甲子歲不肖汴待罪京兆李署丞之觀風三輔歷閲四壁見前賢題詠不勝慨然偶督工笪寅丈訊及遂命匠勒石因以鄙什續貂如左詩云朱明萬木正森森快睹奎樓映碧陰四座雲章驚玉立一堂綵筆滿瑤林燕臺市駿原高價冀野空羣自苦心梧鳳熙朝多勝跡羞將下俚對高吟下書天啟四年甲子夏日男淑汴沐手書於齋禮堂兩楹鐫佟法海和前朝王衷

白詩云老手文章顧力深後生誰與復登臨典型若不歸先正鑒別終須溷士林白日放歌春寂寂青燈危坐夜沈沈聚奎堂上諸君子人品千秋視此心再和云風簷試院不多深上帝端居儼若臨月宇分明衷可白奎垣何用棘生林衰年見獵人猶喜早歲聞雞事已沈千古文章公道在朱衣漫起點頭心是日填榜至夜二更而畢中式王宗海等二百三十九名副榜勞暻等四十三名其中式第二名李崇畯一百九十三名周汝亶及副榜方汝宣皆東槐甲辰所薦士也甲辰東槐為房考何一山為內簾監試於內簾事知之為悉大約八月十三日始閱頭場

卷至二十日薦頭塲卷畢二十四日薦二塲卷畢二十七日薦
三塲卷畢九月初四五日搜遺卷畢監試所最要者在於分卷
除各房迴避卷外酌其卷數及額中名數分配停匀乃無此贏
彼絀之弊其房考薦戳亦監試掌之各房所薦分送主考必使
多寡相當其發刻闈文主考與房考共商定之至主考去取則
不得過而問矣是夜雨初八日榜發監臨復
命並進
呈題名録及年老士子名單其中式卷送禮部挑取謄録卷送
吏部落卷送順天府於是皆出是科兩監臨不避勞怨矢以精

嚴弊絶風清庶幾無愧法有小變而善者向時謄録對讀二所在東今移之而西小西天空號八百餘引謄録書手盡入其中其寛厰靜窓視東所遠甚人既得展其手足而稽查防閑尤易為力此提調之能權也若關防森肅則自昔而然内外簾之限不得越内龍門内外場之限不得越貢院門惟稽查接談換卷大臣及散卷處委員弁兵則於點名時入散卷畢即出貢院各門常鎖加封故名鎖院其鑰監試掌之内簾有事則擊錪至公堂以鼓應乃啟内龍門外場有事則擊鼓龍門以號筒應乃啟龍門及貢院門至公堂龍門召號内簾外場及其應之也即以

其物此闈中之號令也京官不用繖蓋惟監臨監試用之
旨諭及摺奏出入用樂此闈中之典儀也卷分以字滿洲蒙古
滿字漢軍合字順天貝字奉天夾字承德承字國子監生皿字
大員子弟官字筆分以色主考墨筆房考藍筆執事各官紫筆
謄録硃筆對讀黄筆人分以衣水夫墨書其衣龍門夫硃書其
衣此闈中之識別也闈中執事之官其在内場則監臨二提調
一監試八彈壓六受卷八彌封謄録對讀各四外收掌一總理
供給通判一巡綽瞭望營員各四督門營員二其在内簾則主
考三監試二房考十八内收掌二其在外場則總理科場事務

大臣兼管順天府尹一印卷治中一總司稽查大臣都御史二監試四巡牆科道八司坊官十五營員四督守磚門營員六供給京縣二其在點名則貢院搜撿王大臣十七侍衛十營員四磚門搜檢王大臣二十侍衛十司坊官十稽查棲談換卷大臣八護卷營員四內外委官七十八醫官一陰陽官一共為官二百八十而識認官猶不在此數焉闈中供役之人書吏則曰內簾供事吏曰至公堂聽事吏曰提調房吏工房吏禮房吏供給房吏曰造冊吏寫本吏曰散卷吏受卷吏彌封吏曰寫榜吏為吏一百三十七書手則曰謄錄曰對讀曰收掌為書手九百有

八軍則曰號軍為軍八百二十匠則曰刻字曰刷印曰褾背曰木曰錫曰瓦曰棚曰棘牆曰箍桶曰補鍋為匠一百三十三行則曰米曰屠曰雞曰菜曰鐵曰什器為行二十七役則曰聽差曰門曰庫為役五十三夫則曰龍門夫曰水夫曰飯夫曰雜夫為夫一百九十一皁則曰刑皁曰供給皁為皁五十二廚則曰鄉廚為廚一百有七又有待詔七鼓吹四凡內塲供役之人都為數二千四百三十九其外塲番役則曰五城搜檢役為番役一百五十兵則曰護卷兵搜檢兵守門兵巡牆兵為兵二百九十五合內外官員兵吏人役三千有餘其移文三百一十有二

可謂事之重而典之鉅矣宇内之士志切觀光宜何如積學勵
行以仰副
聖主旁求至意至嚴絶弊竇鑒拔真才則又存乎其人矣丙午
順天鄉試内場監試官江西道監察御史王東槐謹記
修史難於作志固由博通典核之難然屬文時亦須剪裁變
化使讀者一見瞭然正自費匠心也此首提掇處承接處閒
散處皆以作志法為之故非無紀之師年愚弟曾國藩識
丙午秋馨與蔭之同充監試蔭之入院每事必問出闈即示
馨此記考覈精詳纖悉畢備俾後之從事者一切應行事宜

不難按籍而稽洵乎為有用之文不徒一時紀載已也獨念馨自前歲以來凡監試者八次未能熟悉掌故如此盍歎蔭之莅事之誠懇為不可及也書此以志余愧愚弟何桂馨識

頻濱謂天下文字止有兩種言事言理而已古聖賢文字言事處即言理處無空談心性者也蔭老年臺喜讀姚江書宜乎其詳審精密事事必誠必謹而發於言也皆信而有徵無徒飾虛車之意觀斯記足知其所尚已中間讀陽明集一節是無心流露處至文字之妙效法經史未易遽數惟見其言事處莫非言理也請即以評陽明語評之年愚弟劉位坦拜

識
合用志傳體裁寓峻潔於詳贍全自貨殖諸傳胎息所謂談
笑出奇偉史才固應如是愚弟李恩慶拜讀
詳明灝瀚筆極疏落其關鍵節奏自然入古真作家也蔭之
曰此闈中簿籍補綴為之語似遜然益見其所造矣至於留
心治道諸先生已備言不復贅年愚弟黄來晨拜讀附識
緇峯曰張所記者洵關係我
朝掌故當付刊以資後人攷訂

光緒戊寅後學沈葆楨附識

黃說亭先生傳

先生諱念典姓黃氏說亭其字世為滕人六世祖家瑞崇禎進士巡撫淮揚殉明難高祖蘭森康熙進士河内知縣有循聲曾祖愈亮諸生祖鍾諸生以孝稱父綖乾隆舉人堂邑教諭先生十五能屬文弱冠以詩賦受知阮芸臺學使冠郡庠一時才俊爭從之遊既而歎曰雕蟲小技揚子雲故曾薄之六經乃為人根柢不潛心於此烏覩所謂學乎凡以詩賦進者概靳之然感遇述懷輒吟哦不能罷也為人寡言笑舉止蕭遠落落難合其所交皆有終始者也邑令蔡延教其子咨以外事謝弗答蔡愈

益重之孔公繼鴻先生外戚也令永年招先生往助依孔數載
先生坐嘯而已先生居城市門無雜賓所居几榻盤匜位置皆
有常度執親喪三年不入私室母帳敝未及易終其身雖暑弗
帳嘗言自古聖賢皆在勤苦中度日又曰榮辱之際法戒昭然
其初祇爭一念耳意外之事何處不有不正己而怨人難矣其
省身克己類如此為文逸宕近歐陽子詩出入右丞左司閒嘗
歎滕邑百年來文獻彫落欲乘柴車偏歷荊滕南北與父老遊
搜訪遺軼為耆舊志以年老不能竟業屬其門人孔廣珪先生
既歿而廣珪亦死志卒不就士林慨惜之先生道光辛巳歲貢

生子來晨丁酉舉人與余善

論曰黃氏吾邑文獻世家也中丞大令尚矣余讀其文慨然有古人不作之憾既得見先生覺前輩風流去今未遠也先生志者舊不果而子來晨與猶子來麟方纂輯邑志云

張白雲先生傳

先生諱光漢字倬章號毅齋一號定齋姓張氏滕之西萬人也居近奚公山讀書山之白雲洞有所書每識白雲學者由是稱白雲先生曾祖應標祖元欽父琚先生年十六讀孝經至非先王之法服不敢服非先王之法言不敢道非先王之德行不敢行瞿然有省曰不如是非學也自此立志企慕聖賢之道稍長徧讀濂洛關閩遺書掇其要為日省集首敦倫次主敬窮理次修身接物次辭受出處與同里何友韓琦友善以道相規切著闇修條約乾隆丁酉舉於鄉一赴禮試聞母疾輟試遽歸自是

養親修業彈琴自娛不復出山矣先生説經不滯章句務闡明義理以適於用尤邃於易謂聖人作易開物成務為人事也易之理即日用之理日用之理弗明則與時消息之義終不可識古來説易者多而出處語默惟程邵朱子為與易合學易者不可舍是而他適也時同邑孔吾門廣然亦善易著周易述翼力排朱子以占言易非易之本義濂溪太極圖説添入無極五行與易不合以動靜分屬陰陽與靜專動直靜翕動闢陰陽皆有動靜之旨不合堯夫以天地定位三章鑿分先天後天亦係懸揣與先生反復辯論先生力守程朱舊説不少變論者嘉吾門

能進取而服先生之篤信焉先生年五十餘母且八十布簞歛
枕必親為之友人李景尼司訓德平卒不能歸助歸其喪從學
者一牖之於道為人寬厚和易而自治甚嚴進止若持尺寸嚴
寒盛暑正衣冠端坐手一編儼如也得之於内不求於外功名
富貴淡然視之年七十作記餘兢兢於臨深履薄死而後已其
潛心力行始終不怠如是嘉慶辛酉卒年八十有二著有周易
原本春秋三傳述禹貢山水考養正編朱子近思録等書先是
邑令議修滕志推先生秉筆以議不合而罷成修志論略一卷
子明芬明涵明鏡

論曰予少時聞長者言吾邑白雲先生蓋有道君子也予心識之既求先生遺事其及門所述多浮猥失實至云從容中道若天性然嘻不亦重誣先生耶先生嘗歎科舉學興詞華聲利有以據學者之心思雖日以聖賢之道諄切勉勵而信者蓋鮮嗚呼何怪其然也日省集作於乾隆甲戌是時先生年二十三蓋資以自警勉其所不足者云為成人訓亦非也惟何友韓述略頗得其實其稱先生之學以主敬為本以窮理為先以躬行實踐為歸友韓剛介絕俗非阿好者予讀先生白雲記山居臨高臺極目空濶無障礙月上則先得夏秋交北谷泉發夜深籟寂

流水之聲潺潺月下撫琴一弄悠然若不知有人間世者又顔
東田逢甲寄懷詩云青山欲盡處萬壑白雲深雲白自舒卷山
青無古今幽人探道妙讀易卧秋林花草關榮落悠然天地心
予謂可得先生風概故備録之使後之覽者彷彿遇先生於青
山白雲間也

崇仁謝公家傳

公諱廷恩姓謝氏字清德撫州崇仁縣人祖亮弼父上許家貧公讀書僅終論語即舍去拾薪灌田以給養年十六學書算負販於蜀通貨閩廣嘗主郡城鄧氏司鑰者誤以金六百置公橐公反其金遺書令正簿籍所識由是重公不二十年貲累鉅萬乃分其餘周親舊匱乏之耻為獨富所居前臨大溪秋漲病涉造渡舟崇仁多山少田水旱輒告歉公籌所以備者則於邑中建義倉輸穀萬六百石實之陳狀邑令請別擇主者不以自有而更於家祠設倉儲穀貸族人之不給者故事士庶捐助諸工及

賑恤諸務事聞給職銜各有差公謂涉務名靳之不以請會
詔建育嬰堂捐金二千為邑人倡有司並前義倉事上之得議
敘巡檢加三級為人沈厚寬和與物無忤好行其德亦天性也
鄉人某屢負公置不校後以債逃去遺其母妻善視之公以少
廢學尤加禮庠序士儒學敝習新進生卷結各責費如所設格
即不應輒以覆試遲誤挾之公憫焉約同志醵金以助命曰芹
香會又以諸生始入學謁博士師執贄或缺不備致齗齗爭非
體乃輸錢四千緡以貸商約三歲息千緡而歲科兩試新進文
武生束脩具焉義倉既擇主者公退不復與道光初元以歲歉

發倉平糴價驟減主者中蜚語事幾裂公出更爲規畫核穀數日糴若干價斗視市減錢三遞減至十以揭於市價不甚懸富室因各糴藏粟衆心乃定自後辛卯甲午平糴一遵之邑人士於是知公不獨好施與足仗任矣黄州橋跨崇仁南北兩城間建自宋湻祐時屢圮矣衆以屬公公顧念釐所蓄足以濟遂獨任治之既撤舊基下鉅樁五尺後不復能受乃更抉沙洩水水盡石骨見公喜因其凹凸鑿而平之以爲基疊以臨川石鎔鐵袵之成橋四十七丈下通舟楫旁設闌牆建二閣其上成於己亥十二月凡四易寒暑費金六萬王令楷題曰謝公橋公固辭

乃仍舊題生平布衣蔬食不事華飾練世久事理明達盤錯動得窾會守令多願與之交卒未嘗有造請嘗曰吾守分為良民不擾賢有司足矣干謁適取辱耳道光二十一年卒年七十有七子蘭階候選州同蘭生戊戌進士余同年友也任工部郎中卒於京師曾閣學國藩序其集蘭英例貢生蘭墀刑部河南司員外郎蘭馪廩膳生公以子官

誥贈中議大夫

論曰自昔言荒政者蓋惟義社諸倉善矣然不得人以理之或以滋弊若公之經營布置故足法哉公未嘗學問而措施具有

本末至反鄧氏金不干謁守令尤見節概僅讀論語不虛耳公之澤足以流被後嗣我友竟折天年欷矣

劉節婦傳

節婦王淑程妻沂水人劉春臺先生之族子也先生以節婦事遺余幾欲紀次而事迹簡畧不能具端末輙罷既讀五代史李自倫傳故無事迹特稱其孝義準格旌表樹烏頭安綽楔如是而已節婦年二十二歲而孀抱六月孤兒奉翁姑歷四十餘年於旌表準格矣未知郡邑克上其事否耳歐陽公得自倫姓氏且不欲使就湮没況節婦其猶可述耶婦人從一之義爲大節所係他行皆由是出節婦事雖畧不具要其大者可知也同年生劉秉銖曰節婦性嚴厲子壽昌爲諸生雖小過差斥責不貸

人咸畏之余謂士能樹大義立大節者其生平性行類多骨鯁峭介不諧於俗及獨行其是堅決一往為人所不能為以視圓和為工遇事即仆者其相去何如也嗚呼節婦近之矣作劉節婦傳

貞婦劉氏傳

貞婦劉氏滕之羊温里人貧家女也九歲許聘同里邱磴為妻養於夫家年十七未成婚而磴亡翁姑憐其少也議遣之而其父母流徙豐沛間不相聞獨有叔在乃招其叔將去貞婦不知其絶也越日其叔招媒與婚貞婦備聞之而若不知也者則謂其叔曰兒有鋮背尚在邱氏當自取以來其叔易之縱之去去至邱氏門則泫然泣不能復進困頓於道有邱媪者貞婦姑行亦孀婦也遇之曰噫汝何為者告之故媪曰能如是乎吾將汝見翁姑貞婦見翁姑泣拜於地曰兒願依翁姑不願去願翁姑

憐之於是翁姑大悲曰子能如是吾子猶不死也邱媪則贊之曰翁姑許汝矣貞婦既歸邱氏其叔弗善也乃去豐沛以其父母來欲逆之歸貞婦謝曰此兒家矣兒何歸哉已而又至遂不見父母知不可奪

原書闕

夏小正疏證序

六經莫古於尚書尚書而外最古者為夏小正矣堯典敬授人時正四仲振舉大綱小正詳紀物候張其目相為經緯而其文體奧博與禹貢同小正其古尚書之遺篇與遺周書時訓解繼小正而作間雜陰陽災變不如小正粹純然亦足明小正為書體矣世傳書序虞夏書有汨作槀飫等目類不可究詰而於小正反失之非其疏與小正本經不可見其見於大戴記者經錯傳中宋山陰傳崧卿用左氏春秋例列經於前而附以傳世稱善本第經文約嚴顧傳義與經時有出入萊陽孫芳蕃先生綜

會羣籍作為疏證先據傳發義其未合者復下己意訂正於數千年之古經陶而疏之如啟灌藍蓼矣昔朱子於小戴記取大學中庸表章發明與論語並行鄙意欲取此經附諸伏生所傳虞夏書後削梅賾之偽傳補孔壁之蠹簡穆穆乎上古之文於是觀其萃焉不亦善乎更以質諸先生

送劉先生歸田序

吾鄉之官京師而可為師範者吾蓋得二人焉一曰閻先生兩帆一曰劉先生春臺兩先生居京師最久閻工詩古文劉工制義一時譚詩古文者必歸閻而譚制義者必歸劉然兩先生生平出處亦實有相類者閻以戊午鄉舉閱二十年成進士屈於中書沈滯於起居注久之始遷戶曹郎劉以辛酉選貢閱十九年成進士浮沈戶曹迭躓迭起一員外郎久乃得之蓋自其筮仕到今皆閱三十年矣天若留此二老以為後起者楷模以余雖晚進猶得接其言論而親其風采非厚幸與閻先生久矣歸

田志未果所期遘疾而歿逾月聞劉先生引疾將歸趍視之先生曰吾懼如閻先生之不能歸也欷歔久之余曰先生之歸善矣閻先生之不能歸每用爲恨雖然先生將何以歸乎先生既無成都之桑陽羨之田今之時又非有宋之宮觀提舉可資祿養楊巨源之少尹誰爲白者然則先生將何以歸乎先生曰吾年七十當止矣若輾轉爲歸後計豈復有歸時耶余知先生志不可挽益服先生義之決而深惜其去也先生與閻先生其功名雖未能顯達其言論所著聽者雖有可有否然庭羅三代鼎彝金玉失色奏雅頌之音鄭衛不敢復進其有功於士林甚鉅

令閭先生既死先生復以老病去國余將大為後起者慮矣先生瀕行飲餞都門踟躕不忍遽別而故里諸學子則歡然巾車脂轄以速駕也

王文成公道集 卷一

送陳岱雲序

古今人情殊異其於仕宦之途尤甚往余居山澤讀古人書尋其出處進退其風義所尚蓋必較然不欺介然而不可奪也以為吾人立身行己當如是矣及來京師追隨士大夫後見世所稱髙材捷足者類飾袠馬習便利工應對語言曳裾津要傴僂唯諾希承意旨幸而得之則詡詡自負誇示於人彼豈知有別具冷眼者盼睨於其側耶余嘗以進退之義質諸吾師鄧介槎先生師曰君子求其在己者而已榮落升沈非吾所得主者不足計也嗚呼近世學者鮮明斯義久矣陳子岱雲抱古人之志

介然自守無所阿循與余同出介槎先生門余每自愧為不及令由編修出為吉安守蓋非有為之薦達游揚者獨天子鑒其忠實簡擢而任之耳而世顧詫而異之謂陳子拘古而戾於令何乃至是噫此之所守者非將彼之所為者是與夫行己與理物道一而已吾師守宛陵茂著循良聲古人之道非不可施於令也陳子勉矣守其道不變吾將於子占志義之行也

張氏族譜序 代

曩余隨冑子讀書

上書房所受業則光禄卿平原張叔舉先生也今先生文孫問山刺史持所為族譜乞余序蓋先生當日實纂有成書而問山暨乃兄方山太守踵而續之者也余惟譜牒之學唐宋以來為盛唐人設譜局引通博之士知撰譜事標門望別流品蓋綦詳哉厥後一變而以官階為尚致當世指姓氏譜為勳格陋矣宋歐陽氏蘇氏出乃本仁人君子之用心殷然求當於先王敬宗收族之義於是盡掃前人窠臼而為一家之譜體益精法益備

後世遵之然末俗澆浮競以家世相高往往扳援古昔名賢以為遠祖而同姓別族者又牽連附入其間宗法既淆人情益壞

我

高宗皇帝嚴旨禁絕世乃湔滌浮偽而還湻樸而先生適當是時故其所纂惟據始遷之祖條厥支派序昭穆別長幼辨世次紀近紀實而敬宗收族之義即隱寓於譜牒中允哉善承

德意足為士大夫家樹之典型矣今問山昆仲所續輯一遵先生舊式而無敢易焉亦可謂用高曾規矩而勿替引之者乎先生之遺澤其未有艾與詩曰無念爾祖聿修厥德余且為方山

問山勗之

劉氏族譜序 代

古者因生賜姓胙土命氏至於官有世功則有官族太史遷稱漢之盛時居官者以為姓號蓋氏族之與職官古未嘗不同條共貫也自後諸史職官表志詳哉言之而氏族或畧唐人重門望於是有氏族志姓氏譜之作厥體分矣夫職官繫天下得失非居其位持其權者不敢議一介之士修行於家皆足張大其氏族其分也固宜雖然通其道而致之於用亦存乎其人耳劉生惠葊官吏部掌銓衡可謂居其位持其權足以議職官之得失者也其尊甫應卜先生修族譜成屬乞余言以弁其首夫士

君子不得位則修其道得位則修其官劉生父子庶幾克副斯言矣而余更為劉生進也夫議職官之得失者必於人之邪正賢否長短優絀洞鑒底裏判若方圓黑白之不可混焉而後除授無誤故雖善惡太明不為過也至於宗族之間所與者父兄子弟耳是故祖禰與子孫一體也己身與昆弟一氣也近支與遠派一家也其間邪正賢否之不齊實有不忍異視者非若職官之可以明目指陳而無諱也然吾觀司馬温公記諫院題名曰後之人指其名而議之曰某也忠某也詐某也直某也曲欲使人知所懼蘇明允族譜亭記亦云吾鄉風俗之壞自某人始

因條列其蹟以為戒二公所記不同而其言顧如出一轍令試取族譜諦觀之孝弟敦睦之中其為法戒隱而顯微而彰指陳無諱何必職官哉抑又思之吏部人才之萃也才各有所長亦各有所短世之稟長錄短敢於摧折天下之才而不甚愛惜者皆隅膜相視耳若易其父兄子弟為之必不若是令劉生既盡心於宗族使移其心而用之銓衡其所全者大矣吾故曰姓氏之譜與職官之志同條共貫也若夫敬宗收族之文承先啟後之義劉生既知之矣余可以無言

杜石樵先生壽序代

石樵先生七旬誕辰余曾為文壽之今開八秩矣復徵余文余惟士君子得時遇主致身卿貳名實既顯退居林下以樂餘年此古賢哲所期許而不能必其果遂者也志既遂矣杖屨林泉寄興嘯歌與朋輩舊好為文酒徃復何樂不獲而猶有不能盡遂者或繼嗣鮮名德不克如吾向之所為則不足以光其業而永其緒其亦必有所不釋於此也志既遂矣身甫告退嗣業之賢即已樹聲朝端蔚為公輔望則身雖退猶未退也而已乃獨以既退之身杖屨林泉寄興嘯歌與朋輩舊好為文酒徃復以

引其年而樂其志如斯所處屈指古今代不一二人蓋亦罕矣今乃於吾石樵先生見之先生早年應
召試受
特知既由詞館躋宮詹洊臻少宰歷少宗伯屢司文柄其文學之美遭遇之榮服官涖政之清勤交友與人之篤摯持身之端謹家門內外行修之醕備余前文頗詳矣而余所仰慕先生以為不可及者蓋尤在先生林下之志遂也古者大夫七十致仕不獨示當止之義抑將息其心休其力以尊養之也後之仕者不達乎此一縈纓組沒齒不肯復脫去而仕宦不遂者則又矯

志巖穴以為放狂誕傲彼其繫心華膴與戀棧等此漢之二疏所以為得出處之正而能自遂其樂也夫二疏去位漢史賢之韋長孺致仕漢史亦賢之以彼亮節碩德誠未易軒輊自吾論之疏仲翁之歸也其子孫請置田宅戒諭之而後已以視元成之好學修父業相繼為名相其賢否高下何如則長孺所處為優矣先生為少宗伯以老疾再上疏乞休得請而去其出處與二疏相類然是時哲嗣芝農已歷清華官禁近矣先生既去而芝農遂由少宗伯判度支侃然見風節孫雲巢復接武史館相繼持文柄而先生皆親見其所為蓋又駕長孺而上之矣吾於

是歎古人不能遂之志至先生而盡遂也然先生本起寒素旣去位家無田廬僦居京師敝衣菲食若爲秀才時年八十聰明不廢以經史爲日課閒爲書畫詩歌自娛鄉人合釀必扶杖往流連竟日外此一無所問而郡中卿大夫

召對

主上必問杜某則先生之取重

朝廷而望隆鄉國有以也蓋必如先生之所以自處而後可謂能遂其志以自適其樂也今歲建子之月值先生覽揆令辰鄉後進謀所以壽先生者因相謂吾鄉入

國朝代有偉人若阮亭之文章華野之剛直東皐之清節當時已有難繼之憾延清相國父子祖孫閒足稱極盛而林下之樂則有未及得先生真可為前賢補鈌陷矣敢以為先生壽抑余又有祝者昔白樂天居香山為九老會潞公居洛為耆英會世豔稱之我

朝壽寓宏開特設千叟宴與其典者傳為世榮耆郘風流遠邁

前古數年間幸際

聖天子七旬萬壽應將復舉是典而先生以耆舊躬承其庥爾時眉壽保艾為邦家光以

上方丹青爲先生寫照不第如香山洛社僅紀林泉之杖屨而已壽先生者又當何如余未老猶堪執筆爲先生序之

盧怡亭先生壽序代

昔嵇中散作養生論以為導養得理以盡性命若安期彭祖之倫可善求而得其言曰修性以保神安心以全身又曰清虛靜泰少私寡欲外物以累心不存神氣以醕白獨著詳厥旨趣蓋原於莊子莊子載廣成子語云必清必靜無勞汝形無搖汝精乃可以長生由是觀之養生家雖呼吸吐納服食養身而其要必以清靜沖淡為本故能盡之者勢位不能加情愛不能奪窮達忻戚一不以汨吾意不獨導養得理其人品灑落已離絕塵世遠矣故曰不刻意而高無功名而治無江湖而閒不導引而

壽澹然無極而衆美從之昔者葛稚川陶通明蓋用斯術世遂以神仙目之神仙吾不敢知其為出世之高人則審也吾友怡亭先生少負俊才弱冠登拔萃科繼以多病謝去舉子業鮮食寡欲以舒暢志意而牢固其精神數十年間疢癘不作容色鮮好年屆八旬矍鑠如壯盛時知先生者僉謂先生善養生矣詎知其清靜沖淡脫然於利絏名韁之外於莊子所云有不煩規仿而自合者乎蓋先生為相國文肅公介弟文肅方持機柄承倚任一時賢俊爭集其門得所吹噓或生羽翼先生守雌守默自貞素履即出入文肅門者不知有先生也是為不刻意而高

士之脫羈絏慕閒曠者大都游釣山水以恣徜徉先生處京師閉戶息心六街緇塵飛不到几案是為無江湖而閒好醫書常合藥以療人疾得良方必手録之積久成帙刋以行世人隨所患檢方投藥無不霍然已其濟人之多寡埀世之久近未知視文肅相業何如是為無功名而治生平躭棲禪悅博通內典不作文字無理障不營職業無事障坦坦施施動與古會是為不導引而壽夫道家清靜無為之旨養生家奉以為宗者也亦佛氏附益以為教者也先生由養生而體道以靜攝而合禪具西竺圓妙觀作南華逍遥遊惜世無葛稚川陶通明其人為之接

引故不能證還丹也然使遇蓮社宗雷輩定當把臂入林矣余與先生為同年友里居相鄰齒相若也又復同寓京師衡宇相望余羈縻一官馳驅中外促促四十餘載而先生寂靜如常今余致仕休林下自顧鬚眉依然寒儒余未嘗加益先生未嘗加損余於是歎余覺之遲而先生覺之早也然余與先生皆老矣屈指少年知交落落如晨星秋葉而余兩人者猶得朝夕過從叙平生歡老年得此蓋寡先生誕辰謝絕稱祝余為先生言屆日其敞北軒余其攜壺與先生共酌飲之相與散懷滌襟舉前所陳者更相參印不亦我輩世外散人一則佳興也乎先生曰

諾遂書之以為先生壽

祝蘅畦先生壽序 代

皇帝御極之二十有六年歲在柔兆敦牂四月既望越六日為
大宗伯蘅畦夫子覽揆之辰門下士某等謹鞠跽稱觴進而言
曰自昔渢懿隆熙之世君臣一德上下交泰元首明哉肱股良
哉其歡欣和樂暢於中而發於外者皐陶賡歌以後莫盛於周
雅鹿鳴以下諸詩詳哉其言之矣故天保下報上也所以答鹿
鳴諸詩之意也然亦不獨鹿鳴諸詩而已南山有臺之詩曰樂
只君子邦家之基又曰遐不眉壽遐不黃耇既美其德而又祈
其壽欲其引翼之無已焉蓋其君臣相得之盛如此夫子以詞

臣被
主知迴翔館閣星軺屢出於粤於黔於西江收拾杞梓楩楠歸
報
闕廷此與皇華之五善何異論者又謂夫子玉昆金友同時取
巍科步詞垣臚唱書雲衍為衣鉢皆足播諸藝林作玉堂佳話
常棣之兄弟伐木之朋友方斯蔑如也而夫子顧退然如不自
勝每懷靡及之思獨為
聖明所鑒既擢卿貳執憲綱時海氛不靖河屢決各發數十萬
人治之

天子宵衣晚膳勤求保定凡所以策戰守籌宣防固人心裕倉儲夫子先機審慮端牘奏陳而事出慎密避人焚草其詳不能知畧可論其大概而已彼天保之作序以為下報上者今取其詩繹之曰單厚曰多益曰戩穀罄宜其揄揚猶夫人耳至推其實則曰民之質矣日用飲食羣黎百姓徧為爾德善夫謀國而不本諸民之日用亦祇粉飾太平之具文耳否則投時所好一切功利之私也夫子以輕賦稅以固人心為當今要務其亦有天保之心乎數年來河海順軌寓內無事夫子晉秩宗伯年七十矣

聖天子加禮耆臣
賜福
賜壽異數駢臻使作爲歌詠以道君臣相得之樂未知視南山有臺孰爲勝也載考臯陶賡歌以終陳謨之篇於時帝舜已屆耄期臯陶亦番番黄髮矣而殷然以叢脞爲慮蓋老成謀國憂深思遠有虞恭己之治始終罔替實由於此夫子以耆年舊德
仰承
聖主倚畀之重天下大計緩急輕重所繫籌之宜審則所以副
南山有臺之義以効天保報上之忱者又當何如也

太湖李公壽序

皇帝御宇之二十有六年其五月爲刑部尚書太湖李公七十
覽揆之辰
天子親灑宸翰書福壽賜之門下士某謹推其意而序之曰書云皇建其有極斂時五福用敷錫厥庶民壽者五福之一也王者建大中之道斂福敷錫用躋民於仁壽而天下之大不能以一人理也於是設官分職以治之司空司徒司寇分列八政矣蓋王者於民亦既衣之食之度地以居之爲之學校禮樂以道化之猶懼其末也又設刑以糾之其用雖殊其躋民於仁壽一

也然教化之施於民也順其性而刑者逆制其情故教化之行顯而易知而刑之用隱而難測是以聖人重之昔唐虞之時臯陶作士其稱之也曰臯陶邁種德周公作立政亦曰太史司寇蘇公式敬爾由獄以長我王國其所成之大如是何其重也自後王道缺微法家者流競起用事司馬氏斷之曰其極刻薄寡恩蓋於聖人重刑之意遠矣閒嘗論之天地嚴凝之氣盛於西北故霜始降鷹隼擊王者因之勑刑順乎天也而易則曰兑正秋也萬物之所說也漢翼奉傳云西方之情喜也喜行寛大其說不同何與譬諸醫治人之疾而欲以生之也其疾之甚者則

不惜毒藥以攻之惡石以砭之亦良苦矣逮沈痼去元氣復而人得遂其壽命其亦説乎否耶後世法家者流所謂治疾而挫其元氣者也若皐若蘇則不謂之良醫不可矣方今

聖天子慎重刑獄司寇之任特重其選徃時刑部皆以大學士管理之自公為尚書乃罷大學士管理其倚任專矣既專其任而又錫之福以益其壽其恩禮隆矣夫異數之加於臣之一身其將以為榮耶抑將深思倚任之重而推而被之於一世也夫壽一身與壽一世其道豈有他哉去其疾而益培其元氣已耳甫刑之訓曰咸中有慶蓋於建極錫福之説若相發也於戲

天子命之矣謹序

顏丹山先生壽序

丹山先生居魯城北泗上修儒術爲學者師諸子通朝籍紆組綬而先生嘯詠林泉淡如也余與先生仲子又村交得藉聞先生風概蓋先生上世於顏氏爲微先生念家本儒也而儕於編戶墜前緒貽家世羞乃發憤下帷與兄學博君相切劘逮學博任安邱先生以明經家居教授儒林推祭酒焉余尋顏氏之故其著於

國朝者惟修來考功一派最盛考功以宏才碩學樹幟於荔裳阮亭諸公間而澹園學山兩太史並起相埒時稱三顏其自次

雷行人以下若樂清若介子若幼客幼民迄於運生其博學好古勤著述標聲望睎蹤考功後先輩起蓋顏氏諸儒於斯為盛自運生没考功一派稍凌夷衰歇矣而又村乃始以進士起家官戶曹卓然著政聲與余數往還商搉古今論列儒者得失余心折其人謂宜與考功代興也余又按考功尊人世所稱孝靖先生者以諸生隱居不仕彈琴賦詩訓子孫博通經義其醞涵鬱積發之於考功故其流被之盛至於百有數十年之久也今先生出處與孝靖多相類者又村其不為考功也乎即又村昆季其不為澹園學山也乎又村去運生少濶不相及先生猶及

之得見老輩風流身值顔氏儒學絶續之交而能力振先緒使
後來者得有所藉以起先生一身其所係亦鉅矣哉前數年余
代令少司農杜公為學博君壽既推言學博與先生孝友恭讓
以著其門内之行矣今歲十月先生七十初度又村復以文請
余乃探顔氏之盛衰究儒林之興替竊以為考功既往泗上一
派將大而先生之擁臯比抱遺經研尋講授於寬閒寂寞中者
為能推施於無窮也是則余之壽先生也

李藝林先生壽序

李生秉鐸從余遊將歸乞言以為其叔父藝林先生壽古來介壽之辭載於三百篇者詳矣而莫善於卷阿之詩其詩曰爾受命長矣茀祿爾康矣豈弟君子俾爾彌爾性純嘏爾常矣說者謂皆言其壽考福祿之盛也余謂詩人敷義重言彌性蓋性命之精寓於斯矣人之有生其所得富貴貧賤與夫年壽短長不可知之數命也而其所賦之性仁義忠信樂善不倦足於心而形於身則其可知者也世人妄希非分於所不可知者致精竭智以求之而於其所可知者漠然不以寄意至倒行逆施而有

所不恤亦見其惑矣夫以彼其行而且希非常之報此猶北轅而適閩粵也先生幼時太翁經商外出歷年無耗先生稍長告於兄願求父所在於是渡海而北歷遼東西諸城不可得進而益北逾鋏嶺涉鴨綠江至吉林乃得所在遂奉以歸時先生年十九未嘗學問率其至性一往竟得其志此豈有他念動其中哉今夫水其波流浩瀚潤被千里者始則濫觴之源耳今夫木其枝葉榮茂蔽日干雲旁敷美蔭者始則數寸之根耳深其源固其根則其盛大廣遠之勢自有暢然而莫之遏者蓋其性得也先生既歸行益篤推施益廣設醫藥治橋道修宗譜率先為

之輸粟救荒撫軍托公既以周恤風高額其門而捐輸書院城垣工事且上聞得邀議叙先生年七十有五德配于宜人亦六十有二子孫振振繩繩同居四五十人雍睦如一體人咸以福禄壽考為先生頌矣夫敦行不怠此可知者也至於福禄壽考不可知者也由其所可知以及於所不可知則盡性立命之說也張子曰富貴福澤厚吾之生也董子曰性者生之質也後世性命之說不明其視福禄壽考以為人生之適然令觀先生豈其倖致也與先生一節之行發於至性遂有以深固根源而其後之推暨莫不依於是其後之福澤亦莫不萃於是而況充其

性之量而推而極之者與則其所爲福祿壽考又豈有涯與余故於李生之請而推先生之所以致之者以附於詩人彌性之義諸凡稱頌之辭則從其略云

王新甫先生壽序

庚子秋余居京師始識長山王君起齋越歲辛丑起齋以武進士第二人值宿衛因得數相過從起齋雖材官蹶張然行有局度端厚醖樸無武士驕悍氣習余心竊重之既聞其尊大父新甫先生孝行乃歎起齋之濡染薰養有自也昔萬石君不言躬行門內化之少子慶最為簡易然猶舉策數馬不失孝謹家風令觀起齋於先生益信先生世居長山邑故有瀧水寰宇記所謂孝水者也淑氣所鍾實稟異姿幼時太翁病臥牀褥不能起先生左右侍湯藥恒通夕不寐其事母太夫人年既壯依依猶

孺子也母没廬墓所每飯必祭祭必泣或稍離即風雨必返返必踞墓側泣告形貌枯瘠道路哀之如是者三年宗戚詣廬弔慰始羣扶而歸於里時先生年四十矣余讀史傳見古人至孝所形有貌毁不可識涕沾草木為枯者則為之感慨欷歔歌泣而不能已及執以求諸當世則千百中無一二也豈古禮淪廢蕩然而失所守與抑紛紜於妻子仕宦之私沈溺錮蔽而本性灕與里巷獨行之士率其性之自致雖未必合於中庸而真誠悱摯令人感泣即史傳所稱何以遠過如先生者非與人之施於世莫不有根本其施之大小遠近或殊則所處之勢異也先

生終身不出里巷推其孝思達諸宗族鄉黨訟獄不興者三十餘年蓋有本者固如是余於是重先生行事以爲可敦厲薄俗而思與之歷長白臨瀧水激引清波扇揚仁風而不僅於起齋見長者家風也歲癸卯值先生七旬誕辰起齋乞余文爲先生壽余何以壽先生哉余聞先生年彌高精神彌健德配齊太恭人齊眉協志君子偕老子若孫各執其業一門之內孝友申申人倫之善事具矣詩曰孝子不匱永錫爾類傳曰仁者壽又曰孝弟也者爲仁之本先生之孝如是則純嘏眉壽乃其所自有余又何以壽先生哉雖然余猶願爲起齋謀所以壽先生也記

曰孝者所以事君起齋令值宿衛行且宣力四方誠本先生所以事親者奉為官守則視國家利害若吾親疾病而必欲拯之視朝廷職命若吾身與吾親之相繫深切而必竭力圖之則凡其所至必能靖奸宄安善良濟艱難以宏德化較諸宗族鄉黨之和睦當有大小遠近之殊而於先生之行為益顯揚光大垂諸無窮起齋勉矣其持余言以為先生壽先生讀之其將懽然引滿進一觴乎

曹辛陽明經壽序

貴池曹生湘學制義於王太史蘅臯余鄉黄邑田生亦蘅臯門下士也與曹生相善嘗對牀賃廡而居余與田生往還因識曹生戊申田生以試吏羊城别去遂與曹生不相聞是年八月余赴署歸得曹生剌並書一通數日曹生復見請曰不佞叔祖辛陽明經明歲六月八十初度嘗欲介田生求先生文令田生已出都相識無與先生知者故不辭冒昧敢以為請願先生勿辭也余叩明經品概曹生曰明經好為詩身之所歷境之所觸矢口成聲不計工拙久之得若干卷廣文蔣藝存題曰晚香集支

庶子少鶴序之余謂詩者性情所託一時民俗政教莫不由之
今大江以南俗疲極矣吏弛於上民玩於下急之愈紛緩之愈
縱當事者旁皇却顧不敢一引手試竊以為數十年前不當如
是明經自乾隆間已為諸生其耳目聞見胸臆棖觸發之於詩
今昔不無殊異得而讀之可以觀政俗窮變之由即因以見明
經之志急索其集曹生云已寄還無從得矣曹生又曰明經之
父天石翁積有厚德年逾大耋逮見曾元
今上御極之初
詔賜七葉衍祥匾額鄉里榮之明經與兄鶴窗學博塤箎唱和

如坡頫鶴窗居室不戒於火明經推所居居之裁詩解慰誦者增孔懷之思明經於吟詠暇兼讀靈樞素問諸書囊多良劑病者輙以一匕霍之中年艱於嗣息年七十五矣繼室始舉丈夫子蔣廣文所為取魏公黃花晚節香句以名其集也即明經可知矣夫人倫美瑞近在家庭善則格之詩歌流播仁術推暨譽則萃之閱歷

三朝黃髮披領識則先之蘇明允氏有言匹夫而化鄉人者吾聞其語矣記曰吾觀於鄉而知王道之易易也蓋古者重養老引年之典州長黨正歲時屬民以正齒位非徒明達尊也亦謂

能稽我先人之德教化之行有助焉耳蓋鄉人之服其長上每不如服其鄉之先生長者之深也

國家詔令有不能遽喻諸愚氓者老成之人深悉其故起而以身先之衆翕然矣夫如是豈有不達者哉明經既年高德卲為鄉里所崇信誠使率其宗族子弟敦行順讓振呰窳之習絕險健之風雍雍以聽於上鄉里必且慕效無更干有司禁令者安在風俗之不可挽也然則古之引年尚齒無遺壽耇之意其在斯乎余因曹生之請不辭而序之應知老圃晚香大有事在也

馬君恬侯壽序

馬君恬侯别幾年矣憶庚子夏相遇京師時恬侯由太守遷兵部郎居數月移疾以去後遂不復相聞未知恬侯進退之義何居也今歲恬侯五十初度小阮績堂將為恬侯壽而乞余一言記曰五十命為大夫服官政蓋年至五十閱世深材練達矣且强仕以來出謀發慮前效可睹故朝廷以之任官君子亦及時自効也恬侯甫五十耳遽爾遺榮自放當不其然或曰進退無常與時變化或策勲於晚節或抽簪於盛年要亦各行其志耳夫恬侯固非甘心淪棄者也始恬侯少年時浮沈閭巷間不能

自異南遊遇日者決恬侯功名可立就由是奮發以縣令從戎於邊不數年遷循化司馬

賞孔雀翎擢思南守調貴陽攝道篆亦可謂極一時之遇矣其從戎喀什噶爾也督師楊忠武知其材委籌餉運時師行戈壁中轉輸率數石而致一軍無見糧恬侯預儲粱粟麥豆雜取青稞燕麥並牛羊馬駝以給之師得以濟喀城之再擾而復靖也恬侯留辦善後一切修建屯墾軍儲器備皆總攝其事工竣存貯餉銀十餘萬兩糧七萬餘石薪芻三百餘萬束幹濟之材見矣令河西創立書院民興於學任循化循化回民雜處強悍善

械鬬家設碉樓為負嵎計禮法非所行也回寨分八工工數十百寨主以土司恬侯按視得其詳乃於每工設義塾擇回子弟聰秀者教之更詳大府奏於循化貴德丹葛三廳各設回學生二得
旨允行於是回民始知讀書曉義理械鬬為息守思南建文峰壋自後科第不絶循良之績著矣夫投筆從戎歷官二千石勞勩載之策府惠愛流及氓庶遂乃抽簪解組逍遥物外此亦豪傑之所為而無可憾者獨是國家用人於守令則重循良有動作則思幹濟若恬侯而顧可棄之山林間耶即恬侯自揆當不

無志在千里之思詩曰嘉我未老鮮我方將旅力方剛經營四方彼何人哉又曰皎皎白駒賁然來思爾公爾侯逸豫無期友朋相招之義謂何方今登崇畯良不名一格恬侯將決然捨去長往而不返乎抑奮然復起乘時以自効也恬侯當服官之年其材足以有為而余未知其所以自處故為文以為之壽而並以問之

艾竹青先生壽序

丙午歲余延章邱胡子海門授兒輩經胡子澹樸無華不妄交獨與濟陽艾子景頤徃還蓋兩人居同郡又同肄業成均以文字相切劘甚善也余嘗問胡子濟陽之艾與東鄉譜系異同胡子謂艾無他族但派分南北耳余又嘗以張蒿菴先生後人問艾子云式微已甚余考乾隆間濟陽刻蒿菴所注儀禮其手定原本得諸艾司寇家可知蒿菴後人無能繼其業者而艾氏之興久矣丁未秋艾子將歸為其父竹青先生壽介胡子乞余一言余問先生之為人胡子曰先生年七十抱遺經教授里中招

集英雋結文社接引後學孳孳不倦余謂此前輩風流也昔艾東鄉與大士文止輩以制義振起西江宇内翕然宗之譚藝者傳羅艾家法數百年來風流歇絶矣今先生提唱斯文小叩而大鳴之里黨中豈無興者但不知視大士文止輩何如耳胡子又言先生少失怙母徐太孺人撫而教之曰艾氏自司寇以來詩書遺澤久而不替汝其勉自樹立無忝前人先生由是下帷攻苦每試輒冠其曹然困頓諸生數十年艱於一第而先生老矣夫司寇之緒豈直在顯達哉以蒿菴著述而司寇實之其所尚可知余觀濟陽所刻蒿菴儀禮注增載于氏音字發聲頗為

學者所呵先生能於授經之暇刋而正之以還蒿菴舊觀則所以竟司寇之緒者尚其在玆而耄年歲月藉以消遣亦藝苑中之樂事也先生勤學不倦余故以是為稱至祝頌之辭則從畧焉胡子其然吾言乎持示艾子歸而奉觴取與先生一讀之

鍾太翁壽序

太史公作史記論載數千年帝王將相聖賢豪傑行事而七十列傳乃以貨殖終後儒譏史遷重貨殖而薄仁義以爲踳駮究亦不盡然也漢武之時用事四夷海内耗矣而朝廷方競於言利任用桑宏羊孔僅置均輸籠括天下之財析及秋毫然於國計無補也而貨殖者樂觀時變權其輕重大者富國小者富家故管仲通魚鹽之利而齊號冠帶衣履天下范蠡用計然之策勾踐以伯子貢鬻財曹魯之間結駟連騎與國君分庭抗禮此豈非世所稱賢豪間者耶夫官禮周公致太平之迹也安石以

之禍宋貨殖史遷發憤之所作也劉晏以之佐唐豈顧以其名哉亦觀其施於世者何如耳故曰彼各有所長非苟而已也同年鍾內翰小亭商而儒者也太翁立齋年伯用鹽鹺累鉅萬余聞內翰言太翁數千里利弊如指諸掌創折運法官商便之用人節取一長久之皆得其效以故徒手起家授道銜加賞孔雀翎其有以致之也然不獨治鹺壬寅夏夷氛不靖礮火震金焦梟匪乘間紛起刦奪鍾氏所居翠屏洲實當其衝衆洶懼欲徙以避之太翁不可益儲財幣練鄉民為固守計戒市勿售食飲於賊賊勢窮蹙遂殲焉梟匪既滅而夷乃受撫以去夫

夷人雖狡猾百端然其情僞可知也數萬里與人爭利勢不能久當事者統師十餘萬而不能扼其衝要先靖内奸以絶齎盜之路安在其能軍哉以太翁之材而第施之治鹺余惜其所施見者小矣儒生誦詩書談仁義下筆滾滾不休試之於事迂濶而鮮有可者余以為當今所尚蓋有二焉豪俠健兒貧賤不能自措其身一旦發奮赴國家之急立功疆場取封侯印宋之狄武襄近之羅軍門其人也畜牧鹽鐵商賈之行儒者概置弗道然國家有大動作輸家財以佐縣官徃徃倚之而辦漢之卜式是已其在於今若太翁亦其一也貨殖又何可少哉今歲二月

為太翁六十懸弧之辰知小亭者競以詩歌為壽夫收宗族振貧乏邺嫠掩骼及義學社倉諸舉周於利者優為之不足為太翁重余故弗論論其有關於當世之務者

陳柏園先生八旬晉三壽序

事有施諸一鄉而有裨於國鄉黨好行其德之所為而實為斯世斯民所倚賴者涸轍之鮒存亡呼吸所需者升斗之水耳必引河海之流以潤其生其何能待斯時有力者過之惻然憫焉一舉手而投之清波則其生成之恩與覆載等故世稱好行其德必曰長者長者誠有味乎其言之也姻翁柏園先生年八十有三矣計其生平所為濟人利物之事更僕難數今約舉者數大端毋亦施諸一鄉而有裨於國者乎先生為協戎倫叙公長君幼隨宜昌任卓然峻整視豪華子弟夷然不屑既失怙撫教

幼弟肄力文學艾溪舉孝廉由中翰任鳩江司馬橘卿司鐸平恩子儀佐海州而先生獨奉母家居力行善事族黨孤幼無依者於我乎養老而無歸者於我乎葬其才秀無藉而學者於我乎延師給膏火薪水翼而成之歲歉出巨萬以恤貧困凡五舉所全活數百家尤人難能者因思國家每遇水旱動發帑金賑窮黎且屢頒捐輸之令或錫之爵級或給匾旌獎而富室擁巨貲輒觀望不前其勉强應者非迫於令長之敦勸即欣於利禄藉以階榮者也求如先生之好義樂施出於至誠蓋十無二三焉至賑之奉行稍有未善奸吏猾胥乘間滋弊多方侵刻而閭

里黠民又或私立名籍竄入其間幸稽查疏漏隱肆漁奪孤寡
老弱力不能達者仍不免飢寒顛坎轉徙溝壑蓋賑法之弊每
每至此今先生於鄉黨中耳目皆能遍及視其勢之緩急與人
數之衆寡以為所施多少之差既周且均無弗沾實惠焉誠使
一鄉皆如是斯足以濟一鄉合一邑皆如是斯足以濟一邑無
告窮黎庶亦可少甦矣且饑荒所被如拯溺救焚難緩須臾而
履勘奏請動稽時日非有鄉黨好德之卹濟其安能隱忍待也
然則先生之所為不惟今長所不逮其於
皇仁亦不為無助余是以每重先生或曰先生未嘗居位而澤

民故所施止此以為先生惜余謂不然艾溪諸君秉先生教分符綰綬具有教養之責凡所建立一本之先生則先生之所濟亦博矣又況繩繩翼翼廣惠澤於斯世者正未有艾乎今值先生懸弧之辰賓友稱觴屬余一言為壽傳曰民之望君如望歲焉又曰民之望君如望慈父母焉余不敏竊願為先生頌也

孔俊峯先生壽序

余與曲阜孔君韓齋交十二年矣屢見諸京師然不久即別去及韓齋官中翰朝夕過從情益洽而韓齋學亦益進恬然粹然非如世之沽名譽以自喜者去歲其大母陳太恭人九十生辰余既掇其授經三世事以序之蓋韓齋尊甫俊峯先生叔父鑑塘君及韓齋伯仲幼所誦習皆太恭人口講指畫者也是歲余見鑑塘君於邸寓時鑑塘君已歷臨榆玉田諸縣令播政聲其人故温温儒者也心欽之而俊峯先生余顧未之見焉然以余所聞於陳太恭人如是所見於鑑塘君與韓齋又如是余雖未

見先生而先生之衣冠謦欬蓋已往來意中而身如接之也始
先生以孝廉筮仕為鹽課大使擢知鹽城以議鹾政為前督陶
文毅公所器鹽城饑承
命賑之境內無怨咨者繼以漕行誤期限被議鐫級大府惜其
才留之而先生方以將母為念遂歸不復更出先生之與陶公
議鹾政也以改淮北引法當日陶公實排衆議行之十餘年來
衆稱便矣邇者長蘆山東頗欲仿淮北故事內外集議靡能有
定當事者既無陶公擔荷之力而守令中復無有通達治體若
先生者擘畫其間亦何怪其然也先生有用世才阻於時不究

其用先生謂是可以止矣先生年五十餘歸而侍養太恭人既登大耋而先生亦開七秩鑑塘君且六十矣一堂壽考為世所罕覯余嘗謂仕宦之塲要以林下為收局進退之幾可自斷也至若堂有期頤之親白髮昆弟舞綵奉觴此則人倫之極盛天所獨厚於一家而非人能自主者然天之所厚苟不善為承之棄其當前自有之樂以求所不可知之數縱使功名可就其得失相去豈直什百而已惟先生決幾於早乃與天意相際是即謂先生之自為可也先生初度守恒言不稱老之義謝絶稱祝而識韓齋者既為太恭人壽並為詩歌以壽先生東槐知韓齋

較深尤不可無言勉為斯序蓋所謂心向往之云爾

閻太翁鶴亭先生暨德配馬太孺人雙壽序

德平閻子圖南余選貢同年友也余自戊戌居京師圖南為武英殿校録輦下談藝者多推圖南越數載圖南成進士令歳始釋褐官庶常憶與余同選貢時已二十餘年矣一時相知莫不歎圖南文之工而惜其遇之晚也余獨謂不然余閲世所傳登科年齒録少年甲第指不勝僂及考其世代其以具慶書者蓋十無四五焉晚遇者更無論矣圖南年雖五十而父母健在禄養及身正使少年甲第歎羨慨慕不可企及奚晚之云哉圖南自束髪受書秉庭闈訓為多太翁鶴亭先生善書工詩太孺

人亦嫻吟詠閨門唱和若賓友然知其薰爍濡染入之深而被之久也故出而與文士相角詞壇英俊無先之者即父母亦不意其鈍滯如是古人云百年之計莫如樹人太翁與太孺人培根竢實歷五十年亦艱難矣日月逾邁人事變遷盛衰得失每難豫料而盤錯鬱積養成國器猶得身親見之追數從前毋亦有不敢私冀者乎吾聞太翁精岐黃術懸壺於市多活人太孺人亦以善病通醫理將養生衛身別有道與抑活人多者知必大其門與或者有以俟之與太翁太孺人年各八十得身親見圖南之成可樂也老萊子斑衣嬉戲以為親娛今豔稱之圖南

不猶少年乎宮花霜鬢昔年孩提鳩杖追隨拜迎
恩誥人倫之休祥豈在遠耶圖南曰吾將歸為二人壽矣於是
乎序之

張岱華先生暨德配孟孺人雙壽序 代

青城張生淑光余視學山左所得士也淑光昆仲四人文彩輝映一邑余三試武定郡居前列者率淑光昆仲淑光既貢成均與余時相見京邸叩其淵源知為學博岱華先生哲嗣余於是歎淑光等積習名教有由然也蓋先生文學品望為鄉邑所矜式久矣初太翁士佩公以孝廉令崇義改金鄉學博終任所先生年甫十五侍太翁疾藥餌湢厠之事皆身親之累月無少懈嗣奉太孺人歸里循陔詩書發憤自勵入庠偕廩餼援例以訓導試用歷攝館陶東阿長山禹城恩高苑曲阜學篆克供厥職

後以年老遂杜門不出先生質直肫誠胸懷光明磊落重然諾不念舊惡鄉里尊而式之於是邑大夫舉鄉飲禮謀賓於邑紳士邑紳士咸推先生禮既成邑人聚而觀者歡呼歎息以為數十年無此舉也夫古之道不行於今者多矣惟鄉飲蓋猶近古雖其禮樂之文所謂升歌笙歌間歌合樂今皆不可得而見然其詩具在則其義猶可尋者蓋其所陳於德行孝弟長言不足而永歎之而因以示民尊長養老以致敬讓故克盡其道當之而無愧者什百中無一二焉今按其詩若華黍魚麗由庚嘉魚崇邱由儀諸篇固皆樂賓之義至鹿鳴四牡皇華則為君臣之

樂而此用之者取其嘉賓好我示以周行其德音可則效也取其勤於王事念將父母為忠孝之至也取其諮謀於賢知以自光明也皆言賢者之有是德也南陔白華言孝子之養孝子之潔也南山有臺言賢者為邦家之基而願其身之壽考也而周南召南又為房中之樂言夫人能不失其職則刑于之化也蓋必有如是之德而後可當如是之禮苟無其德而舉其禮禮雖行猶不行也惟先生庶足以當之矣先生官於外德配孟孺人攜諸郎奉姑以居家止一奴一婢供驅使井臼刀尺身常兼之春秋祭薦魚菽無缺此與葛覃之澣濯召南之采蘩采蘋又何

以異哉夫修於身而德音茂昭刑於家而孝弟雍和賓於士大夫事有所咨而處式於鄉邑民作敬讓而不爭茍如是是亦足矣歲癸卯爲先生暨孺人七旬誕辰淑光乞余言爲壽夫余之壽先生不如鄉邑之尊而式之者爲切也淑光求余言不如求之鄉邑之尊而式之者爲有當也無已則本鄉邑之矜式先生者以壽先生請仍誦南山有臺之詩曰樂只君子遐不眉壽樂只君子德音是茂又誦曰樂只君子遐不黃耇樂只君子保艾爾後淑光其賡而續之使鹿鳴四牡皇華不僅歌於鄉邑之間則所以承先生之業以頤養先生之志者將未嘗不在是是又

余之厚望也夫

張法禹先生暨德配李孺人六旬晉五雙壽序

國家作養人材其責重於師儒師儒不必名與官也父兄之教子弟之率與夫薰德善良者皆是張子曉湖與余交數年矣曉湖學行醇篤余心重之既得拜識尊甫法禹先生然後知曉湖學行一先生之教也先生以耆宿授里中童子經善於講說經指授者皆油然自得先生之言曰小子者成人之始及其天性未漓誘掖奬勸啟其好善惡惡之良先入為之主異日遠大之業莫不基於是而塾師鄙陋動云經義深邃非童幼所及此大惑也夫經義難窺豈獨童幼哉因其明而牖之雖童幼可知也

深言之弗入淺言之文言之不解質言之正言之難喻譬言之執書言之弗通就當前指言之自非至愚鮮不了然悟矣先生之言如是其教亦如是以故子弟十餘歲皆通曉五經大義嶄然露角庠序間人或目為異才不知先生之講説勤而教諭早也近人讀書類為獵取功名計口誦仁義道德之言而心懷利禄雖條析義理言之娓娓聽者顧弗之信以其所存者非也先生内行醕備信義孚於朋友辭受取與一介必嚴往時貧困日不得再食而對人談笑自如興趣不為少減或得佳味則邀諸兄弟為歡唱酬竟夕或至達旦聲華利禄一不以芥吾胸獨至

山水佳處則徘徊不去攜短笛一再弄之意蕭然也往歲至都宣武門外口號云人烟輻輳處車馬何紛紛獨立西風外閒看徵逐人其胸期如此令夫山藪閒曠之區耕稼之所不宜世以為無用而棄置之然其敦厚清淑之氣往往蒸出靈芝之育為菁茅以備清廟明堂之選而成當世之瑞令先生韋布自守溫溫無所試於世而其教思所醖釀他日必有振拔而起者曉湖已見端倪矣先生六旬晉五誕辰曉湖乞言以為先生與德配李孺人壽孺人能誦五經善教子比德先生余於是本先生之善解經義啟迪幼學者以推夫功效之所及使世知窮鄉耆宿誦

法傳述有助於
國家作養人材之化爲不少也曉湖歸持余言以奉先生觴先
生當不以爲聱言而唾棄也乎

繡含顏公暨德配孔宜人雙壽序代

進退行止功名志業可自為者也而父子兄弟之樂獨不可强得其幸而際家門之盛又幸而得自奮於功名宜足以為光寵矣然父子兄弟之間相濶動輒數千里別或經年或數歲則又未免以尺寸之綬升斗之粟易其百年不可多得之遇古人於此所以不能無憾也昌黎稱歐陽詹父母老矣捨朝夕之養以來京師將以有得於是而歸為父母榮也其稱太學生何蕃曰蕃純孝人也閔親之老不自克一日揖諸生歸養於和州蕃與詹同為昌黎所推重然詹之視蕃固有間矣東坡潁濱以友愛

稱天下嘗有夜雨對牀之約往往形於詩歌今觀其詩如鄭州彭城諸篇大都聚散離合欷歔感歎之詞求如詩所謂兄弟既翕和樂且湛者則未之有也父子兄弟之間古人多不能慊其意如是毋亦功名志業有以奪之而遂不能兩得也與曲阜繡含顏公與弟丹山公友愛如塤篪太翁景齋公年躋八秩公兄弟亦且開六十矣子姓十餘人森然秀茁經義治事各執其業可謂際家門之盛極父子兄弟之樂矣當是時公固視天下事無以易吾之樂也既公以恩貢生選安邱教諭不欲赴太翁勉諭之而後行甫二載陳情而歸方其未歸也猶子戶部主政又

村知公將去致書曰

朝廷方沛

大恩猶子例得封伯父願以章服晉階去官可乎公復之曰汝顧忘汝大父之年耶又村遂不敢復言昌黎曰何蕃將去諸生不能止乃閉蕃空舍中言於司業陽先生城請諭留蕃會陽出道州不果公之去也僚屬紳官知不可留相與設供帳祖郊外諸生即席賦詩以道其志有泣下者其視昌黎之稱何蕃何如也公之有德於安邱亦可見矣曲阜北臨泗水乙未丙申間頻潰決漂田廬無算公既歸倡議築之長隄連亘數千家永資保

障無虞然則公固非無意於斯世者也特不欲以尺寸之綬升斗之粟易其父子兄弟之樂故去就之決如是也然觀公之居官如是其居鄉又如是經曰孝乎惟孝友于兄弟施於有政則功名志業何必憑勢而後見哉公今年七十濶步健飯德配孔宜人年視公猶親機杼之勞公弟丹山公將以公懸弧之辰率子姪稱觴為公與宜人壽而乞言於余余與公猶子又村同官戶部公子仁圃復與小兒翮同舉於鄉誼最深乃序之曰世之相資以壽者率不過子孫輩耳公與弟丹山公白首相依今率子姪為公稱觴公樂焉否耶丹山公年亦望七十矣而有兄如

公爲之稱觴丹山公樂焉否耶仁圃昆仲爲公壽而白首之叔父率先稱觴仁圃昆仲其樂焉否耶又村昆仲爲伯父壽而丹山公精神矍鑠稱觴談讌其間又村昆仲其樂焉否耶使東坡賴濱退休之志果遂一如公兄弟之稱觴獻壽將夜雨蕭山之詩可不作東坡賴濵其樂焉否耶公前能全其父子之樂而後能永其兄弟之樂余於是亦樂爲道之以告丹山公與仁圃又村以爲公壽

何母廖太夫人壽序

吾師道州何文安公前以通政副使督學山左山左之人頌公清節即並稱公夫人廖矣始公未遇時食貧力學夫人任井臼操作佐之讀公求官赴都夫人攜子居母家嘗襁兒入山采薪竹萌傷左目成翳訖不能愈公及第始以命服迎之當時嘖嘖以是相舉似聞者莫不歎息興起東槐嘗讀公示兒詩亦山左使署作也大要勗以文行兼勵而推本夫人育子之閔以致提撕警覺有云緼袍翦包裹哺飼乏甑儲百苦無不為漸見晳揚且蓋公於夫人負苦極不相忘故矜重之如是是時東槐以拔

萃科出公門下越十餘年始通籍公已登八座公子子貞太史
昆季咸以淹博負盛名東槐時相過從見其被服儉素不啻寒
士子貞語東槐曰母氏處豐如約食甘粗糲布衣浣濯至今未
嘗御紈綺兒婦輩悉安其教不敢習華侈教子甚嚴於名場得
失惟以安命為訓時督諸婦作酒醬植蔬猶習勞之素性也夫
名譬則爵學譬則財名高天下處之以愚學賅古今存之以歉
是皆豐不忘約之義子貞昆季之善承母教者也豈獨被服哉
子貞之樸學淵源於公而實亦夫人醞釀而成之蓋學問之道
然也公既歸道山子貞奉夫人潔白戒養勤著述光起先業矣

夫人始相夫為名臣繼教子為名儒其斯為彤史之盛軌乎夫人八十生辰門下士謀為介壽之辭東槐於是本山左所聞推而言之如此語皆至樸無華如夫人自道鄉里時事云爾

張母季太宜人壽序

於什伯儔類中得一二人相與抒懷抱寫平生則甘苦鬱樂之事若或共之余性疏拙不諧於俗居京師嗒然閉戶無有闖其門者獨翼南時時過余翼南伉爽有濟世才余粥粥不名一長莫能為役顧相好無間莫知其所以然者太宜人則謂翼南曰汝友王生若來吾當見之余乃拜太宜人於內堂太宜人則問家慈年狀起居暨兄弟妻孥事甚悉顧翼南曰生之遭歷與汝畧等家慈亦嘗謂東槐汝所常往來若年若張皆由孤幼秉慈訓振拔以取功名亦異矣年謂一樵張則翼南也翼南之孤也

太宜人撫而諭之曰張氏一綫惟汝耳汝又多病吾不汝責也汝家寒素老屋瘠田不足於居食父書俱在是在汝矣嘻此與家慈命東槐者何異翼南曰銓自應童子試以迄鄉薦行李衣屨之費太宜人先期籌措臨行取付持以就道蓋不知來處之不易也男女自襁褓至長大婚嫁之事瑣屑繁賾太宜人經營規處種種務求得當銓竟不知有兒女累異哉翼南何若代余寫肺腑也者翼南年二十餘以選貢司鐸於范迄成進士官西曹所至皆奉板輿往晨昏未嘗間隅余後十餘年始得一第又獨居長安五六載陟屺瞻望心懸倚閭今雖迎養京寓而家徒

四壁無以承朝夕歡愧翼南矣愧翼南矣余於翼南頗謂相知
每怪翼南以縱達不羈之才視天下事無不可為或建一事設
一議迴翔審顧鍼細縷密至再三而不能已竊以為太過太宜
人顧每責翼南於家事多疏畧施之公事當奈何余乃悚然歎
知翼南未盡而服太宜人識之深也余又愧太宜人矣太宜人
侍姑疾撫摩患處夜十餘起其孝思甚摯也中年以後善病蓋
操危慮患之日為多今七十矣翼南發名成業行為當代偉人
諸孫入學鼓篋蕲然各露頭角太宜人顧之亦足寬然忘憂也
乎歲八月值太宜人設帨之辰翼南以文請余素喜為人壽母

之作況在翼南故不謝不敏謹抒中懷所欲言者以為太宜人壽而倩一樵書之

錢母費太宜人壽序

歸安錢楞仙振倫與余同舉戊戌禮試當時以進士改庶常者四十餘人惟楞仙最少其乞假歸娶同人競裁詩贈行而楞仙則寫慈竹平安圖遍索題詠蓋楞仙年十六失怙已能自樹立太宜人縱之使學而身自撐拄門户負勤苦故楞仙不以得雋為榮而將母之念汲汲如不逮也楞仙既年少負異才從容於文學侍從之職益沈酣典籍肆力於詞翰輦下談藝者翕然宗之楞仙則取贈公巷舦先生制藝刊以行世所謂香蔭樓草是也余讀贈公文知楞仙源之所出又聞太宜人嘗勗楞仙汝無

恃幼慧抑知而父屢躓名場於若食其報乎夫才患太露必抑而蓄之固而存之使充然有餘然後時出而不窮於用太宜人親見贈公困頓偃蹇積學不倦恐楞仙易視斯事故以是裁抑勗厲之使闡其緒而大其業也自昔賢母之教其子各有徑途若范母以清節勗孟博幸其與李杜齊名陶母教士行交當世賢豪後建反正之功歐母訓永叔以仁孝為宋大儒在諸公之成就故非一日所至其究也乃與其母所期望若操券合符者然余每歎頌諸公克承母教而尤服諸母之深識其子也楞仙近來造養益邃擯落聲華歸於篤實蓋太宜人之期其如是也

久矣余又聞楞仙言當贈公時友某艱於嗣力不能置側室贈公謀諸太宜人脫金釧助之太宜人曾從楞仙居京師及懷鄉南歸也藥物外一無所需其行有本末如是其教楞仙可知詞垣故無吏責無他事可表見然楞仙學之篤守之固則已然矣其足以有為者在培而族之耳楞仙他日誠能為士行永叔之所為太宜人且與陶歐諸母比懿矣豈非養志之大願與太宜人六十生辰楞仙屬余序之前數年楞仙為吾母七十壽序有云詳稽節行兩家之崖畧多同東槐蹉跎無似不足承堂上歡令為太宜人序益望楞仙推廣母教以被之於無窮也

孔君藹亭生母張宜人壽序

曲阜孔氏承先聖遺澤多通儒近世以來若止堂先生闕里文獻考顨軒先生公羊通義等書余既得而讀之歎其援據古今疏闡大義別嫌明微允足措諸實事守為法矩心向往之久矣既與令水部君誠甫同舉拔萃科及成進士復與大令蒟農同榜居京師昕夕過從每有疑難輒相商搉二君不鄙余不材謂可與道古言無不盡余竊自幸得附魯諸生之末而與之上下其議論也後數年藹亭至余又識藹亭藹亭者治山上公猶子上公既承大宗遇

國恩蔭鶚亭爲郎時鶚亭尚幼既長乃入京供職兵部歲乙巳
恭逢
聖慈萬壽
天子推恩臣下在京文武各晉爵一級錫之誥命於是鶚亭得
封其生母爲宜人適宜人年五十鶚亭捧誥色喜將歸而稱觴
博一日之歡而屬余序之其言曰吾生母之歸嫡母汪宜人先
棄世兄姊俱在襁褓生母愛養之甚摯先祖母御下嚴生母稟
承意旨無稍忤吾父官刑部遘疾歸廿餘年不復問家事生母
綜治閫內諸務無廢弛詩曰肅肅宵征夙夜在公宜人以之矣

或曰宜人為曉坡先生副室令子但繫之譪亭者何與余謂此蓋春秋書惠公仲子僖公成風之義也穀梁傳曰母以子氏仲子者何惠公之母也顧亭林曰婦人無外行於禮當繫之夫以明所屬鄭武公娶於申曰武姜衛莊公娶於齊曰莊姜是也妾不得體君不得已而繫之子仲子繫惠公而不繫於孝公成風繫僖公而不繫於莊公是也余所為繫之譪亭者其義亦若是爾又按公羊春秋首發母以子貴之義何氏解詁曰妾子立則母得為夫人夫人成風是也蓋取春秋所書夫人風氏為證可謂明而賅矣羿軒先生作通義多取解詁之說其未安者亦多

所駁正獨此文乃削而去之但云有子則以次升爲貴妾而於夫人風氏諸條更不置一辭閒嘗切究之而歎顨軒先生寄意之深也蓋魯於妾母皆稱夫人當時天子諸侯亦皆以夫人之禮禮之春秋書之不爲異辭者君臣之禮也後世不察乃援以爲例數千年來其流益盛而不可挽今欲顯爲駁正其說必煩而世儒或執春秋所書以關吾口則不如其已也故深没其文而别出一義以質之善讀者可以得吾意焉然則所謂别嫌明微可守爲法矩者其不在斯乎夫捧觴上壽博其親一日之歡孝也一於禮而不苟春秋之義也藹亭爲上公近宗四方於是

乎觀禮余故取弊軒先生公羊通義以發之並以視菊農誠甫二君或不致魯兩生之誚叔孫通也

耿母李太宜人壽序

新城耿子壽朋余同年友也官戶曹與余朝夕過從以文章相切劘嘗出所撰新城文鈔示余其所採輯耿氏為多若少參若太僕若少宰其所陳奏諸疏動關天下至計卓卓然不愧一代名臣及考其家所藏壼範録又知耿氏之興不獨諸公能勵大節即閨中亦多通識義理懿行茂焉少參之令邢臺也配巴安人以疾旋里人謂從官來囊必豐瞯其笥無一錢之積問之曰吾家世貧不敢厚蓄恐上累夫君之廉下墮子孫之志也少宰之撫兩浙也母徐太夫人寄以詩曰家內平安報爾知田園歲

入有餘資絲毫不用南中物好作清官答聖時少宰之清節緊太夫人實勗成之壽朋之八世祖映明君以辛未殉邑難配許孺人甫十八撫子岱巖君居母家教之後岱巖以理學之儒為循良吏此皆耿氏閨行之醕備者李太宜人者壽朋之母也歸贈君芳九先生時逮事舅姑暨祖舅旨甘之奉非親既食弗敢嘗也刀尺操作夜以繼晝弗敢息也先生為邑文獻宗凡大典禮大興作邑紳之就先生謀者座上恒滿太宜人烹飪供客雖數不以為疲壽朋幼從塾師讀每歸必取所讀書覆之誦有錯訛立為指正及壽朋成進士官戶曹迎養太宜人於京邸每供

膳稍豐輙却之曰吾性甘淡泊且汝不聞徐太夫人之寄中丞詩乎此吾家故實小子識之蓋余聞於壽朋者如此歲丁未為太宜人七十設帨之辰壽朋請序於余余謂扳援古昔不如就耿氏故實言之之為深切也直陳太宜人之懿行不如舉耿氏故實相與並提而論之為前後輝映也蓋巴安人以下太宜人之所熟悉也少參諸公經綸志業之卓卓太宜人所日期諸壽朋者也太宜人足以嗣前徽矣壽朋得不以少參諸公為法以益勵其經綸志業以勉副太宜人之所期也乎壽朋誠益勵其經綸志業以追少參諸公之遺蹤或且駕而上之太宜人當益

顧之而喜曰吾今可以對徐太夫人無愧色矣則所以爲太宜人壽者不亦多乎余承壽朋之請羅陳耿氏故實以爲之序亦以文章相切劘之義爾

焦母馬太恭人壽序

壽母之文古有之乎曰有之詩曰魯侯燕喜令妻壽母是也詩之所稱壽母者嫡母乎生母乎曰生母也何以知為生母曰以毛氏謂魯侯為僖公而知之也何以知為僖公曰莊公之子子般未立閔公立尚少又在位之日促與詩所云云都不相稱故知其為僖公也然則僖公之母孰謂曰成風是也成風者僖公之生母也嫡夫人姜氏先卒斯時惟成風在耳成風非嫡也而專謂之母何也曰春秋書夫人風氏小君成風既以夫人之小君之矣此安得不母之也曰春秋正名定分慎夫婦之別嚴嫡

庶之辨未嘗少有所假其曰夫人曰小君者非予之也書之以示禮之失自僖公始爾所謂不没其實而義自見者也今直稱之曰母若無嫡庶之分者其於春秋之義奚當焉曰春秋之文微而顯詩之文婉而通然則詩亦有譏乎曰否春秋所以辨義詩所以達情二者並行而不悖也人子與父為體不得私崇其所生所以尊先君也故春秋嚴之母分嫡庶自人子視之則皆母也亦既正名定分制於禮而不可越矣而家庭之間復不得少伸其情則人子之情有不達即先王之禮亦且壅閼而有所不行也故嚴正其義於春秋而曲達其情於詩詩傳曰燕喜者

燕飲於室也燕於其室必專其稱曰母而情始達也夫禮之失
自僖公始而情之達亦自僖公始聖人著之於經未嘗偏廢以
待後人之旁通交推以深究其義而審處之若專執一說斤斤
焉致使彼此互鬩多見其無當也給諫焦君笠泉之生母馬太
恭人實生給諫及牧詮刺史柳泉府倅昆仲三人其事嫡汪太
恭人小心畏慎二十餘年無失禮給諫諸君既顯達未嘗以之
自矜即給諫諸君亦不敢以事母之禮事之也汪太恭人既謝
世給諫始迎養京邸給諫督學山右復奉板輿隨焉今年届七
旬精神强固給諫昆仲於是為太恭人壽而乞言於余余謂太

恭人之自處與給諫諸君之所以事太恭人者可謂合於禮矣
顧以世儒多疑於斯也於是取詩壽母之文而備論之以為之
序

孔母徐太孺人壽序

曲阜孔氏世稟趨庭之訓其於詩禮二者蓋如飲食被服之不能一日離即閨閣亦然其在

國朝自恤緯老人以下賢媛善詩者無慮數十家而善禮者罕聞何與蓋禮非空言之謂其儀文度數之節輕重繁曲之差必身與相習情與相浹及其久而安焉蓋亦視如飲食被服之無異於人故不必記誦論說而行習所著無非禮也故以之持身則康强純固壽考維祺以之教其子若孫則繩削陶鎔蔚為良材美器以之施於其宗則吉凶冠婚肄畫處置族姻奉為楷則

斯亦足傳先世之遺矩極閨閣之令範者也而何必以風雅標著哉我年伯母徐太孺人以浙水名閥幼嫻姆教歸我厚齋先生於前襲爵堯峰上公為子婦令襲爵北海上公則叔祖母也親相四世宗婦飭筐筥薦盎豆閱五十餘年其於孔氏家儀輕重繁曲之間詳矣昔女叔論是儀非禮之辨當世以為名言然不可以概諸後世蓋周之盛時人習於禮至春秋其風未替故善言禮者必在於經世理物而周旋儀文視為末節迨至後世先王之禮蔑如矣漢時后蒼傳曲臺雜記高堂生傳士禮而徐氏以禮為容遂以名家則當時之所重可知矣自徐氏之學不

傳儒者但能誦説禮文以通曉其意而已其儀文周旋固未有能行之者也後世不無好古之儒往往於吉凶等儀斟酌損益以求可行於世而宫室之制車服禮器之設有不能備則所謂儀者亦虚耳禮儀繁曲之節儒者猶不能行而况於閨閤間乎惟孔氏守先世禮器兼備歷代之法惟太孺人耳濡目染五十餘年身與之習而情與浹焉以故公府有大禮儀輒就折衷而九族六婣奉為禮宗是太孺人能行儒者所不能行也則謂太孺人能習先世之儀為能傳先世之禮宜也東槐與哲嗣菊農交三十年矣初為童子時應郡試識之於文塲中英英特出蘭

茁其芽也後二十年復與蔣農同舉進士其所養益充如杞梓楩楠既勤樸斲塗以丹雘森然宋桷之叢燿乎文彩之耀也令又見文孫繁渥孝廉璠璵之姿初經礲琢粹然已發其光記曰禮繹回增美質太孺人以禮教其子若孫則其養而成之蔚爲良材美器宜也記又曰夫禮者所以固人肌膚之會筋骸之束也人之起居動作不能一依於禮則耳目曠其官手足違其令精神血氣皆爲之震蕩而不得其平故古者以俯仰高卑定人之壽命若置券焉令太孺人秉禮自持如飲食被服之不能一日離則其神明不衰而康强壽考亦宜也歲丁未太孺人七十

設帨之辰桑梓莩葭金蘭之繫咸為詩歌以鋪蔡懿美東槐於是本乎大者言之以為孔氏世所傳守雖閨閣中亦有服習推行足為世則者以是介觴其亦不越於禮也夫

曹母李太恭人壽序

於歡欣愉樂之時顧作感喟蒼涼之語世且訝其不類矣然吾觀士之由悴而榮由困而顯者及其榮顯其於困悴亦極不忘也至若白髮孀嫠所處百倍尋常既得見其子孫成立克致顯揚光大往往自述其從前危苦以為吾何幸得此也又必曰今之得此皆昔之危苦有以基之回視從前翻成笑樂蓋其所為感喟蒼涼直歡欣愉樂所流溢有味乎其言之耳同年友曹侍御頴生為其母李太恭人壽乞序於余余覽其家世及所陳太恭人遭歷蓋可感矣頴生幼失恃贈公禹川先生試縣西江頴

生依伯父書林先生居太恭人歸時潁生未之見也歸甫五載
贈公逝於任所太恭人撫匶還潁生乃得拜母子母之間可為
感喟者一書林先生事母孝不欲以西江耗聞詭言捧檄滇省
獨遣新婦還耳太恭人乃以吉服拜姑繼凡視膳承顔皆吉退
則服喪閱三歲姑弗之知婦姑之間可為感喟者二太恭人無
出撫愛潁生及弟玉生甚摯就塾赴試治具罔弗備潁生舉拔
萃科
朝試得而復失歸困無聊筆耕墨耘餬口四方落拓者十餘年
思以他途進太恭人靳之謂贈公以清白貽子孫其後必有興

者顉生由是志乃益堅當是時太恭人所處可爲感喟者多矣及顉生成進士入詞垣太恭人始破涕爲笑謂可告乃先人也人生不幸處危苦境因變克盡其道其精神凝鬱必有不能告人者及事過境易凝已解鬱已釋然後乃得談笑而道矣世之稱孝者曰事繼母如母稱慈者曰撫前室子如己出夫如之云者豈真之謂乎顉生旣擢侍御太恭人得以其官膺恩誥令者彩衣捧觴融融洩洩是母是子爲前人光東槐於是本其始而言之以明所以致此之由當亦太恭人之極不忘者乎

陳母田太孺人壽序

昌樂陳舍人元亭之母田太孺人守一齋之義餐氷茹蘗三十餘年矣濰邑士夫上其事得
旨旌表是時恭逢
聖慈七旬萬壽
天子推恩臣下封贈其父母於是以舍人官得封為太孺人時
太孺人年七十舍人捧觴上壽而乞言於余既不獲辭乃序之曰夫松柏之生貫四時而不改柯易葉者其負氣厚其得天全偃蹇蚴蟉傲倚重岩類乎烈丈夫之所樹立其長世宜也至於

修竹非松柏匹矣泠泠孤生結根山阿疏其外而虛其中特靜好自愛者耳逮霜雪降烈風凜挺然擢秀乃與松柏爭歲寒之操何也以其節也又若女貞之木生於山谷中盤曲數尺其莖猗猗其葉冉冉斯亦木之至柔者矣而凌寒不落與松柏修竹等何也以其貞也其於人也亦然貞節之婦其所處之艱百倍於尋常凡人世歡欣愉樂之事皆其所悲思鬱結而不能釋者而每得享大年何也蓋其盤旋曲結似女貞木其靜好自愛似修竹故其險夷一致始終不忒雖烈丈夫猶或謝焉則其神明永固亦宜也太孺人少失恃其歸也事舅姑未嘗失其意既孀

以舍人為嗣慈愛甚至而嚴課之讀俾得成其業治家勤儉尚樸素井臼操作衣裳補紉不惜其勞夫慈者和之育也嚴者義之立也勤者生之本也樸者禮之質也以是守其貞全其節吾固知太孺人之神明永固其眉壽正未之有艾也夫女貞之木一名長生漢晉殿庭多植之修竹之陰鸞鳳托焉貞節著而褒錫榮焉太孺人既被

恩命更以美意延年舍人方力求所以顯揚其親者以為承歡之實然則修竹不徒以節稱其諸鸞鳳之所自出與女貞不僅以貞名其諸西王母之長生樹與是為序

高母許太宜人節壽序 代

戶曹高子次封余髫齔時交也余與高子生同里年復相若其母許太宜人以戚誼時攜高子過余家高子於儕輩中獨善余相歡洽為童子嬉當是時不知太宜人所遇之艱辛也稍長讀書為文藝與高子角逐庠序間談論往復言無不盡高子每以此事推余即高子自期豈反出人下哉而高子顧深自斂抑縮縮然常若有不及者蓋高子幼失怙太宜人守志撫孤思培之詩書以振其緒高子常恐不得一當有負太宜人也時高子方弱冠而太宜人隻手持門戶已二十年矣後數年余司鐸廪邱

中間睽絶惟於省試得一握手問太宜人安否耳及余官比部高子以鄉舉下南宮落拓者復十餘年太宜人則數數舉余為高子勵也余甚愧之歲乙巳高子始成進士京邸相見話平生離合得失為之欷歔既知太宜人健在前一歲有司以行義上聞得旌如例矣又為之懽忻起舞不能自已於是稱曰懿與志節之立决於一旦而樂觀其成乃在數十年之後也夫此數十年中天道人事變易推遷菀枯形於外悲愉動其中其為顛頓震撼不啻風剥雨蝕矣而獨抱素尚允蹈所期豈非烈丈夫之事哉

國家敦崇節義錫之綽楔以為世風然必俟之數十年後覈其始終不渝乃論定之何其重與而及身得旌者方且年登老壽若為待也又有子能賢若豫為培植藉以仰答朝廷德意者而其事又適與相值氣機感召固如是乎世之砥行礪名者可以觀矣逾三歲太宜人以覃恩膺封誥高子將稱觴介壽請序於余以同里戚屬不欲為緣飾之辭故質陳之如此今日者朝章炳煥命服委佗吉祥善事萃於一家吾知太宜人當不忘老屋寒夜篝燈紡績課高子讀書時也

丁母秦太宜人壽序

自庚子辛丑以來夷氛不靖海内雄畧之士罔不講求攻守機宜思奮其身赴國家之急吾鄉丁農部君心齋尤精戰船火器諸法大學士阜公以名聞

詔獻方畧於是丁君上書萬餘言下軍機備採擇壬寅

欽命大臣賽公率師守天津乃以丁君參軍事

賜内府金促之行時太宜人方卧病丁君既被

朝命不敢辭請於母太宜人則曰汝往勉之勿以我為念丁君

遂躍馬去逮撤守太宜人病亦無恙當是時中外藉藉稱丁君非常人而吾尤服太宜人能通知大義也丁君少多病太宜人愛護之深家本寒薄又值歲洊飢無儋石儲身任舂碓井爨雜糠籺自食而延師以教丁君薪水脩脯之費典衣服簪珥給之以是丁君得成其材然太宜人故未嘗不以身教也方太宜人在母家甫及笄母病疫太宜人晝夜奉侍時暑甚守藥鼎汗流如漿不覺也醫云病已殆止以一劑決吉凶太宜人聞之傍徨不能為計跪竈側禱且泣顧無婢僕則揎袂出左臂力齧臂肉寸許投鼎中雜藥餌煎之解帶縛臂捧藥以進血不流膚不痛

訖無知者既而母病竟不起後每撫臂瘢輒念母欷歔夫孝者忠之本忠孝者材畧之基自昔豪傑未有不根本忠孝而成事業者丁君日覆育於太宜人之孝思以激發其忠義而增長其材畧由是禦災捍患優如也太宜人不惜一身以奉母又豈靳一子不使赴

國家之急乎天津之守雖不見一賊而還然丁君已承

九重知遇負國士名矣邇者島夷就撫海疆頗云無事而深思遠慮者猶竊竊然以為其事未竟也一旦有故丁君仍宜請長纓行耳今幸閒暇士大夫日徵歌名舞燕樂太平太宜人以

覃恩重膺
封誥年七十矣丁君得不以此時酌言稱觴為太宜人上千萬
壽乎丁君所交多瑰異英偉者流玆顧以序言屬余愧余不文
不足以發之

馬母蘇太恭人壽序

臨邑馬君拙材以施南同知移疾歸養時母夫人蘇太恭人年八十矣綜核家政精神閒暇鉅細罔弗周知馬君日奉晨昏兖然悅也今歲十月爲太恭人設帨之辰吾鄉官京師者相與製錦寄祝而屬序於余既不獲謝不敏乃序之曰洪範九五福一曰壽唐孔氏取漢志五行傳以五事合諸五行以五福合諸五事而以壽屬之思標其旨曰思睿則致壽又曰思慮睿則無擁神安而保命故壽竊嘗疑之彼養生家言大都以嗇養精神屏除思慮爲能順性命之理今云思睿則致壽豈但言其理而不必

核諸事乎抑養生家言與吾儒故分途乎余因唐孔氏之說推闡洪範五行之旨五行傳屬合五事後儒時有異議然以思屬土則至當而不可易也蓋五行分列四時而土居中央五事外交而思在內其體一也土者天地之中氣思者人心之神明水火木金非土不成貌言視聽非思不理其用一也人之一身水火木金棲焉雨暘燠寒係焉動與五事相關而皆以思為樞紐五行傳云思之不睿厥罰恒風惟木金水火沴土然則思得其職而耳目口體皆由順正以行義於以節宣其氣勿使有所壅閉湫底而陰陽和休徵應作聖之功與養生之術豈有二哉昔

衛武公行年九十有五猶箴儆於國自卿以下至於師長士皆求竭盡其情衛人稱曰睿聖可知思睿致壽義亦古矣吾聞太恭人之事姑也姑病癱不能語頤指目授先意揣合無不曲中病間謂人曰吾有此婦可代吾語矣夫思能通微曰睿若太恭人者不謂之思睿不可太恭人未嘗治養生家言而神智開通引為大年昔徵諸衛武公者今又徵諸太恭人矣或曰記稱大孝必得其壽太恭人之壽其孝也夫詩不云乎永言孝思孝思維則孝之得壽猶是思睿之致壽耳唐孔氏洪範之説余夙所未解令於太恭人發之其義乃明因即取其説以為太恭人壽

書牟醒農周中制劍說後

牟醒農大令以周劍並所著劍說見示劍出棲霞土中首尾殘缺不完大令以漢尺較周尺得其莖圍之數因以莖圍度其臘廣以求其身長合諸考工記定為周中制劍棲霞於周故齊地師尚父管敬仲之所經營摩挲此劍覺雄風霸氣猶在人間劍以今尺度之尺有咫耳後人好為長劍荊軻逐秦王劍至不可立拔乃知古人善用短也醒農試吏赴浙惟攜此劍與俱國士之報隱見眉睫然古今異變斟酌短長之間取足應手可耳於其行也書此以當贈言

題吾知吾樂圖後

令使畫工寫吾之形曰似乎似矣更寫一形又似矣由是爲千百形無不似矣乃比而觀之則形形殊異而非吾也然形形殊異莫非吾之分形則無非吾也夫吾之與人亦若是矣是以君子一視而同仁人不能自見其面臨水而見於水得之矣烏知其爲倒影攬鏡而見於鏡復得之矣烏知其非正觀蓋吾之難於自見如是況其在隱微者乎是以君子窮理以盡性洪樂吾內翰寫己像二目之曰吾知吾樂吾不知內翰之樂其獨耶同耶內耶外耶抑渾然合一者耶若但以悠閒暇逸之居處拄笏

看西山翠色正復何與我事

微子墓碑跋

殷微子墓碑在滕縣微山建始元年立微山古屬沛或屬留洪武八年始隸滕魏書地形志留縣微山有微子墓太平寰宇記沛縣微山上有微子冢是也此碑舊志失載順治間知滕縣事李含藥作微子墓記始云墓前有漢篆碑今按碑載丞相安樂侯匡衡立石侍中班伯題額南昌尉梅福篆文世孫殷紹嘉公摩勒上石核較其文多可疑者考漢書匡衡封樂安侯碑作安樂一也班伯成帝初為中常侍匡衡免丞相數載伯始為侍中光禄大夫伯為侍中不與衡丞相同時二也殷紹嘉公封當綏

和上距建始初元二十餘年時僅梅尉在耳雖云先立石後刻
所立石不應題額一時篆文又一時也豈以匡梅先後上書請
封殷後班伯論微子所以告去遂依託為之與三也成帝紀詔
封孔吉為殷紹嘉侯進爵為公恩澤侯表殷紹嘉侯孔何齊以
殷後孔子世吉適子侯後六月進爵為公國於沛碑書殷紹嘉
公而不名未知為吉與為何齊與四也又碑額橫題仁參箕比
文體不類西漢五也中間題字筆法頗似党懷英六也道州何
太史紹基直斥為明人偽造故自有見竊謂清風高節如梅尉
執筆為微子題墓正使後人無以易之孔子比干墓題字洪氏

隸釋辨其謬矣而趙子函氏則云以比干忠烈尼父是其族孫
姑妄信之亦足為忠臣吐氣善哉言乎斯碑亦云碑字徑尺有
九寸許題額徑約八寸署名徑寸有九分闕文三安字半闕猶
可辨

戟門李公墓碑銘

道光二十九年正月戊戌直隸通州運河道戟門李公卒於位先是公由霸昌道擢順天府府尹

召對勤政殿任事六日得

旨仍以道員記名其左遷之故莫能明也順天尹視漢京兆班史所載若趙張三王類以威嚴擊斷名能舉職至循吏諸傳大都奉法順流與民休息其治與京兆殊科蓋辨治姦邪主威斷撫循疾苦重慈良使文翁朱邑諸人與趙張三王易地而治其長且不足自見或適敗之我

宣宗皇帝撫馭天下日久其因能授職爲地擇人其於長短優絀之數知之熟矣以公循循儒者知非趙張三王者儔獨以文翁朱邑之所爲相任授公雖左遷而

天子知公不爲不深蓋公之足以自見者在是也公諱廷棨字戟門別號蕚村濟南之章邱人祖世淦國子監生考菼祖考均以公官

誥贈中憲大夫公幼慧家貧力學負文譽年二十補縣學生道光五年充選拔貢生八年中式鄉試舉人九年會試成進士以知縣分發直隸補新城縣知縣有惠政十五年大計以卓異晉

秩調玉田遷宛平京縣升深州直隸州知州故事京縣以順天四路捕盜同知爲升階其升直隸州知州自公始也先是華陰李公德知深州政尚嚴明公繼其後人稱二李然華陰使人畏公使人愛二十一年

詔舉賢守令總督訥爾經額以公名上

召對稱

旨授廣東雷州府知府擢湖北上荆南兵備道以江漲疏防鐫秩調直隸霸昌道未幾有順天府府尹之命既而改授通州運河道以卒得年六十歲自公筮仕餘二十年歷京畿及楚粤諸

省然守雷州僅一月霸昌未至順天尹才六日耳跡其生平施
效蓋於州縣最久公故以文章名及爲牧令所至輒取其子弟
秀良薰染而淬厲之政事之暇親爲指授以是士奮於學新城
玉田深州間人材輩出皆號公弟子而新城戴公尤深東槐昔
過其地父老知爲公鄉里問曾否識公且言新城久鮮鄉舉者
公令斯邑以文學振之自後科第相繼至今新城之人猶時時
念公也嗚呼公於新城擬諸朱邑之桐鄉矣公娶耿氏贈恭人
繼娶呂氏封恭人子寶嬰癸卯舉人寶赤附學生以道光三十
年四月庚午葬公章邱萼莊之原公文宗歐陽永叔詩出入香

山義山著有新城縣志紉香草堂等集公之葬也隴州知州馬
君國翰既志其墓寶嬰等復請論次行績刋之於碑東槐與公
以拔貢同出何文安公門繼復同官京師知公頗悉不得辭因
掇其大者著之其詳於馬君志者畧焉銘曰
儒生作吏紬於申韓聿古有訓治民曰安公起縫掖文章鬱勃
操尺寸柄潤以經術終乃監司始維牧令官曰親民孰樂孰病
公孫布被晏嬰狐裘不貪為寶維民之憂新城民飢公來飼之
荆州民溺援之庇之獄訟無欺政理則和案牘紛沓不廢詠歌
蘭澤芳草載茁其芽樹之百穫儲為國華勿為蒼鷹願作祥鳳

京兆六日慮違厥用維公才猷

帝深鑒之銘公無斬慈惠之師

節孝于太姑墓碑

于太姑姓王氏滕之蓋村人余族曾祖太學生漢舉公之女也幼喪母育於祖母楊年十九適鄒縣于君寅閱二載于君没姑守節十有六年於嘉慶　年　月　日卒年三十有七道光丁亥余編輯族譜載入節姑傳中今年春族祖雪菴屬余叙其事將劖諸石余惟婦人之義從一而終故古者夫死稱未亡人明夫有死無二義固如是也姑固不以殉夫死然彼十有六年之間其心豈嘗一日忘死哉方于君之没也姑矢志殉夫數欲自經婢媪覺而守之不獲死祖母楊孺人諭之曰兒死固善然

吾無女汝少依吾汝即死何以處我且獨不為夫嗣計耶姑泣受命既而嗣叔氏子殤姑悲慼痛觸鬱鬱成疾日進粥數甌或經日不食孑然一室氷寒霜苦曰吾與泉臺人共此況味也楊孺人聞而憂之逆歸遂日侍祖母側親眷問視皆謝絶迨祖母棄世而姑亦旋卒蓋姑之心死已久矣姑卒後復立叔子某為嗣於　年　月　日合葬於于氏之先塋督學何公給匾額曰蔚為女宗辭曰

猗歟太姑稟德貞潔擷蘭蕙之清芬挺松柏之勁節三歲為婦兮靡室勞一朝遘禍兮心斷絶拚糜身碎首相從於地下兮念

大母之恩深牽慈帷而不忍訣病軀輾轉强自持兮甘蘗荼與氷雪勞夫君之久待於泉臺兮腸一日而九結秋江湛湛湘竹淚春雨淒淒杜鵑血淚盡血枯幸得遂吾初心兮羌一笑而同穴梟嶺崔巍泗流幽咽中有佳城兮白楊森列千齡萬代兮永昭芳烈

宗海劉先生墓表

今上御極之元

詔天下郡縣舉孝廉方正邑人士以宗海劉先生應

詔先生辭學博公筤亭寓書勸駕辭益力是時士有力急功名者爭希薦牘以進先生獨不可士以此愈重先生謂先生辭其名而有其實也按先生諱有源姓劉氏宗海其字滕著姓也先世兵部公宏緒仕明以節顯祖方隆父作賓皆不仕先生醕厚質重刻厲好學初入塾穆然若不慧者及覆所習英敏異常治經史嚴立課程晝有事夜必盡力以補之既冠入邑庠試髙等

食餼嘉慶丙子舉於鄉再上春官不遇遂絕意仕進家居內行孔修侍父疾彌月不解衣帶居喪一慟輒嘔血數斗伯仲三人友于周至每自館歸過兄弟曰償逋需若干乎卒歲需若干乎出金置几上欣然去仲兄歿撫遺孤成立家屢空絕口不言財利人亦不敢有私餽環堵蕭然味道自樂嘗客某所偶不合一夕襆被徑歸其風概如此先生既靜退足跡不及城市而問字者屨常滿先生說經鏗鏗尤精四子書於宋元以來諸說析剔膠葛獨標要義嘗言讀書必貴心得不然縱多記儒先傳註猶糟粕耳又言為人必謹衣冠慎言動道理方有頓置處生平進

止有常坐立必正以端非仁義忠信弗道也少曾習六壬遁甲
復讀靈樞素問等書以及甘石之經靡不通曉而初不以自見
冶詞豔曲深惡痛屏以為陷害人心甚於鴆毒而世目為風騷
謬矣為文章振筆直書根於理而形於氣自達所見而止奬勵
後進樂道人之長久與之處如坐春風飲醕醴也吾邑風尚士
多好古敦質行自張白雲顏東田殷筠圃諸老殁推先生為典
型及門之士鄒嶧魚沛間表表庠序百數十人登科第者肩相
屬也古云薰德善良不其然與邑修道一書院成聘先生主講
席以疾不赴卒年六十有九配陳孺人子二長諧南庠生次諧

雅憶自壬午春東槐偕羣從執經先生門飫聞道德之論十八載於茲及先生易簀而東槐遠宦千里外不獲同及門諸子啟手啟足盡其傷矣今長君諧南屬表先生墓追念提命嗚咽何能措一語顧以從遊最久受知最深其又敢辭謹按事狀所述徵諸夙所聞見質陳本末以求當於先生平日務實去華之意九原可作其許小子之不欺乎哉嗚呼

西湖居士靈表

道光乙巳十月從兄西湖居士卒於家越月訃至都東槐為位南向哭之每欲次述生平以傳示後人及回憶當年情事輒欷歔擲筆而罷今葬有日矣乃拭淚而叙之曰君諱樂筵字燕喜先伯父太學公長子先祖贈檢討公冢孫也吾王氏世居滕西蓋村居近獨山湖亦稱西湖君因取以自號云君生而聰穎讀書日可千言少年豪縱不竟其業雕鞍駿馬馳驟柳陰水曲間或度曲以教歌者而已乃彈絃以和之弱冠更自悔求師學制藝將藉以取功名既而從宗海劉先生游先生門下故多士若

邵樂田孔藉山馬文東諸君類一時英俊君輒與旗鼓相當不少讓每屬文下筆立就嘗於歲暮詠雪一夕得詩三十章衆驚其敏異然竟不能一當有司年四十乃仕爲衍聖公府屯官吏名希惠取不卑小官之義蓋自嘲也東槐少於君六歲幼同筆硯自顧才出君下遠甚論學取友亦惟君是依東槐幸叨一第而君乃困頓抑鬱俯首下僚豈非命與君遇事慷慨能急人之難其舅氏孫君因事繫獄君力爲營護至以身出入犴狴竟其事而後已當嘆夷之擾粵閩海上連兵累歲不决君憤激欲上書乞假一節渡海說琉球呂宋暹羅諸國合兵殲之聞者皆笑

以為狂即君亦自分不必有是舉而語則壯矣癸卯君遊京師東槐適歸省不相值遂成永別君之歿也有母在年且八十哭君涕出血昔昔見若有人在側問之則君也母謂子既死何來答曰兒身死心未死時來侍母耳嗚呼儒者罕言鬼神惟忠孝所結生死不能間之以君至性故應有是悲夫君其目不瞑也耶君卒年五十配葉孺人子一宜鈞君嘗修譜祠及醫藥活人鄉里德之東槐獨取君風概以表君之靈復係以詩曰

燕臺風急吹暮雪千里傳書紙凍折開緘涕墮肝腸結幾年南北雁影分登高望斷鳧山雲鹿鳴呦呦惜離羣君來北遊逼歲

暮滹沱水深敲氷渡我歸君去仍歧路同祖兄弟君小宗祖硯硏磨兩人同君如黃鵠我飛鴻君胡脫屣向蒼顥蓉城何處蓉花老擲下一卷未焚草憶昔文酒君主盟呼朋對壘旗鼓爭出沒五兵紛縱橫燭花高燒神瀟灑東方廋語難索解個中會心外人駭此樂未央跡已陳君向西湖賦白蘋乘田作吏儕隱淪魂兮歸來傷遠目零落山邱昔華屋素心社散半鬼籙生逢龍兮死逢蛇屈伸自古無常家母老子幼魂其嗟我縱言之將何補西湖年年多風雨誰使波濤化塲圃遥持一杯酹黃泉君未了事敢弛肩但願人生終百年

和庵張君墓誌銘

道光二十八年七月辛丑刑部安徽司郎中和庵張君卒於官其子其煜等扶柩歸越二載葬君于其邑里仁社之原先期來請銘余故知君不得辭按君諱晉姓張氏初名禮三字和庵別號拙園嶧縣人始祖希堯嘗糾鄉里健兒禦流寇邑人德之高祖俊士曾祖瑗祖魯文廩膳生三世俱贈中憲大夫父桂林乾隆癸卯科舉人歷任南滙縣知縣通州直隸州知州終潞安府知府授中憲大夫母王氏封恭人生三子次即君君貌豐而頎為人寬厚長者胸中條理秩如也嘉慶四年以川楚軍事輸饟

授主事籤分刑部既補安徽司主事乃乞假省親於潞安居三載逆匪林青作亂陷滑潞安匪黨起與之應君襄城守偵知賊渠所在率衆掩捕獲之事乃定時嘉慶十八年也逾歲丁父憂服除補山西司主事久之擢四川司員外郎遷安徽司郎中仍兼四川司事道光十五年充熱河都統衙門理刑官代還兼廣西司事君官刑部前後四十餘年决獄平恕簿冊皆以罪疑惟輕題識之在熱河役某以逼人致死誣鄉民已具獄矣君讞得其情出鄉民論役如律其無枉縱多類此其兼廣西司也同官為滿洲景瑞霍山吳廷棟合肥李文玕率湻樸不事聲譽時稱

秋曹四君子喜藏書家有萬卷樓退署手一編往復不輟綱目
通鑑點勘各數過顧是時
上意方重科目再以知府保薦輒報罷君遂沈滯郎署老矣君
友愛最篤初筮仕與兄户部郎中敬恒同宅居户部没弟龍安
知府聘三遠在蜀時時念之後龍安以引
見入都相見歡甚倩人繪既翕圖相約歸林下逮龍安解組而
君乃以柩歸嗚呼是可悲矣君積階授中憲大夫卒年七十歲
娶邳州陳氏封恭人先君一年卒子六其炳監生先君卒其煜
癸卯科順天舉人其熾候選府經歷其熣郡附學生其烜增廣

生其勲監生孫十一仲增附學生仲坦議叙從九品仲墀仲垓
仲壇仲堅仲埶仲垠仲圭仲堃仲堪曾孫四元鍾元鑑元銘元
錦銘曰
嗚呼斯其君之室也卅年一官忽若瞥也彼瓦而全孰玉而缺
也不淩嶮巇其無陒䠥也信于公其有後世乃誚柳下之拙也
其何怛也

張苔山先生墓志銘

先生諱曰琎字蔚亭別字苔山姓張氏先世自福山徙館陶居艾寨村曾祖其宗廩膳生祖恕附貢生父大雅邑庠生艾寨東園有老梅一株數百年物也先生生時大母夢移梅別院即先生墮地處因名梅既長愛梅放懷詩酒簡傲以爲質而縱脫以爲文見者如遇諸孤山巖崖間弱冠爲諸生與濟南名士掉鞅文壇既久不遇歸築草堂於三岔河上顏曰尊西謂尊酒之西有東道主人焉草堂踞清淵勝地先生蒔花種竹觴詠其中清淵之士不知其地有詩人也先生疾俗如仇又懲士人尚口書

座右云得意忘言足矣過門不入何妨慕乘崖闢又乘軒並以自署其孤尚如是然至一二知交刻燭浮白則淋漓不厭嘗病酒客強之以不能謝客曰昨日酒還令日醉誰句耶先生無以答既而語人曰客幸未舉我爲壺欲碎身句也久之以明經選兗州府儒學訓導履任不二載解組去博士故冷官先生視之若瓔疣矣先生書師懷素詩自唐宋以下於明則稱謝四溟近人則取吳蓮洋平生詩多不存稿其存者尊西詩話二卷嗚呼世以空談目文士久矣乾隆丙午值歲饑邑令設廠煮粥以賑見先生所爲金錢花詩愀然曰懼不給耶廠增米三百石先生

偶爾寄詠邑民已隱被其德風雅中固有實事在豈易爲俗人言哉先生卒於道光七年十一月年七十有五娶趙氏繼郭氏張氏俱先卒杜氏於先生卒後督幼子使讀父書克纘其業後先生十九年卒子維銛廩膳生杜出女適監生汪元凱郭出孫汝佶汝倜汝偉維銛既以道光丙午十一月合葬艾寨南阡己酉春持余同年友維銓書來乞銘維銓先生猶子也先生之任兗郡學博也東槐以弟子員試拔萃科曾一再晉謁忽忽二十有五年矣覽先生事狀棖觸今昔其忍不銘銘曰

誰與子子古梅化身老作詩客爲酒主人橋門偶羇儒風則醕

雅談一帙乃自寫真衛汶曲環有崒其墳嗣起毋忘溉茲遺芬

尚選鄭君暨配節孝李宜人墓誌銘

有源於歙族於濟徙於滋窆於濟之琵琶山者是為尚選鄭君之墓君諱思舉為太學生年二十有五而歿行未施於世銘之者則以君配李宜人之節宜人亦濟人少君一歲年十九歸君為君婦者五年為君養父母者二十餘年為君立嗣教養以成之又三十餘年凡君所宜為而未克為者宜人為之皆盡其道嗣子渥既長以五品銜贈君及其先世宜人謂君有後吾事畢矣宜人年八十有六卒於道光二十二年壬寅君之卒則乾隆四十五年庚子蓋宜人稱未亡人者六十二年也婦人以嫠而

無子為最苦然所繫亦最鉅果能延一綫使宗祀不墜即興滅繼絶何以異焉宜人之節既得上聞旌其閭矣顧其志豈為一日之榮直以為分内事宜如是耳君之殁也君考明經公字震悲宜人煢弱常使依母家宜人固不可每歸甯數日輒返宜人為壬辰進士汾州别駕元坦女幼誦内則女誡諸書通曉大義云子一渥候選同知孫六毓榜毓樽毓模毓棠毓村毓楹銘曰

茁也而折之儷也而子之松柏有心腸其九結之移根接榦維其掇之幽光潛發卓爾其綽楔之銘諸貞石筆其鐵之

馬君采藻哀辭

馬君采藻先君之執友也嘉慶己巳先君偕友人遊江南泛杭之西湖歸行淮揚道中先君病疫昏然不復知人時霖潦塞途資用乏絕又疫染人不敢近諸友相顧散去君忿然起曰與人同行千里外疾病莫卜生死奈何棄之傾其槖供藥餌食飲扶舁先君行泥淖中十餘日乃抵於家時東槐才八歲先祖使拜君於庭曰非馬君汝父不能歸矣先君亦瞿然歎吾將何以報馬君也對親友輒欷歔言之嗚呼此三十年以前事矣遊江南後十年先君即世君猶康強無恙東槐時與相見君未嘗一言

及前事獨東槐藏之於心刻刻不能忘耳朋友一倫於今殆將廢矣如君之行允宜表揚於世以敦厲薄俗不獨有德於先君也君今死矣而世顧無知君者可哀也夫辭曰

君居於鄉無以異人朋友急難不恤其身亦既生死而肉骨兮孰知所歷之崎嶇而愁辛彼落陷穽不一援手兮呼之不應更眈視而相瞋我揭君之高義兮羌千載而如新

菊史先生誄

同年友張子廉泉以進士供職内閣滿十年將乞假歸省其親未果而太翁菊史先生訃至廉泉哀毁痛恨不及早歸得一見先生也余為廉泉悲因次先生行事而誄之先生諱漢超字友班臨清人菊史老人其别號也居威武門外舊為大姓林氏别墅頹檀園亭之勝父霖有隱德先生生甫周歲遭逆匪王倫變父攜之匿古墓中以免稍長從張灤川讀書為制藝既而家中落俯仰無以為計乃決然舍去闢除園之荒廢者而墾之得數十畝更治岐黄家言懸壺州之南鄙資是二者以養親以其贏

入貲為國子監生先生有弟雙泉君幼負奇氣喜游俠金到手立盡屢負債先生隨所負償之以為常雙泉君既倦游先生乃舉所營田產悉以畀之自留老屋數椽怡然得也性癖愛菊門內菊畦縱横所植近百餘種或聞有佳種數百里必致之培養灌溉揮汗弗輟藝菊之暇則閱書史自娛於儒者立身行己皆能識其端緒嘗言為人存心要立誠涉世要立品讀書要立志若使口談忠孝行事絕不相類此便是穿窬之盜也識者韙之廉泉官中書迎先生至京忽秋風起憶故園菊即日命駕歸歸後六年卒年七十五也著有菊譜十餘篇備養菊之法詞曰

我聞先生有偉其軀童顏鶴髮匪山澤癯興言高蹈其蓬逕其樗
勤身養志焉知其餘西山采藥東皐荷鋤衡門之下黄花襲裾
先生徂矣風景不殊嗚呼哀哉

祭宗海劉先生文

嗚呼成連往矣海風倒吹華陰市散大鳥聲悲嗟嗟吾師乃至於斯傷心國僑痛哉子皮無為為善夫子我知憶昔元亭載酒問奇齠年作賦入洛陸機叨蒙奬借青雲可梯闢除荆榛示之衢逵康莊縱轡鞭策仍施曰篤不忘與古為期彈指春風廿載於茲深慙駑駕空泣路歧惟師風範絕人攀躋張華勵志爰自少時寂默其容沈毅其姿繩牀鐵硯畫粥斷齏鄭心鎮瓜向閣燃藜窮年兀兀樂此不疲小子蹉跎春月秋曦朋酒徵逐乃荒於嬉慙負師訓時過焉追惟師治經為畬為菑周秦兩漢別畛

通蹊又如江河浸潤灌溢屏其邪說防氷以隄既醖既充乃昌於辭小子泛濫目眩姸媸百家雜進縱横支離慙負師訓耗精罔裨惟師提躬抑抑威儀謂此筋骸呈露天倪蕩揺其精與存者希昧而弗講詩書糟醨惟師之言躬允蹈之動止尺寸設繩懸規竹生有筠玉琢為圭邃然德宇如山含輝小子樸拙步趨是依詎知盎睟根柢無欺慙負師訓千里毫釐惟師接物冬日和煕叔度汪汪堯夫怡怡正邪臧否照水燃犀胸有涇渭口無彈譏東林黨錮標樹幟旗揚清激濁與世瑕疵師謂不然言孫行危事每稱佳有司馬徽小子逞臆較高論低動遭齮齕羣然

笑非慙負師訓自生嶮巇嗚呼午歲相從洎亥六期後稍暌别作客羇棲每歲登堂考德辨疑朱藍附近非隅山谿酉歲北征秋風遠辭持賜青錢言緡之絲選應張鷟藉作提撕明年計偕棧問履綦下言科塲升沈難齊縱乖冥翅諒非所欲還讀我書正資考稽師覽而笑達觀如伊志能有定其可與幾自分蒙昧詎窺藩籬方倚陶鑄在鈞為泥胡天不憗哲人遽萎安仰安放逝將安歸嗚呼禮堂月冷絳帳霜霏遺文滿篋墨瀋淋漓蠹走塵封編校者誰愧非翺籍以繼昌黎嚋曩講授闡幽顯微紛綸貫串具有綱維倘能載筆録成近思留貽學人刮膜金鎞今所

記憶仿佛依稀什一千百猶拾殘璣愧非尹謝書修程遺千秋
所託銘誄是資傳聞生異撰述敢遲小子不讓伐石磨治愧非
中郎題有道碑嗚呼已矣謦欬未寂軀上露晞兆啟幽宮白日
奄馳惟二三子置翣設披素車白馬痛哭俱來土其禜負墳其
芭為惴惴臨穴靈鑒不違一似函丈濟濟追隨空餘宋玉招魂
天涯

祭黃雨生先生文

嗚呼日月奄忽曾不數年平生知己凋落摧殘先後徂謝文定文安嶽嶽文恪畢志九原三夫子者功成業完緊惟吾師獨酷於天懷材蘊智鬱而未宣江湖萬里歸路茫然惟臺爲郡碧澥之渚師起其間風期振舉顧視儔黨無可與語閩學所傳接蹤鄒魯晦翁勉齋淵源可數破浪來遊天風送櫓日新堂中十易寒暑三十而娶斯道已古四十曰強乃仕於朝南宮釋褐觀政水曹省覲歸來錦幔宮袍歲値龍蛇與禍相遭蠢蠢赤子探丸叫號煽惑羣醜沸湧如潮閭左報復血人於刀蠭屯蟻聚不可

爬搔師方授徒赤嵌講席觀察過邀燈前草檄固謂叔度鄉國矜式披瀝丹誠冀安反側事起倉猝罪人莫得指魯連書為通聲息三十餘牘競起彈射蜚語刺天岌岌不測師挺身出步謁軍門質孥於獄願靖逆氛視此么麼如蝨處褌抵厥窟巢禍福剖分約獻其渠以貸餘魂衆為縮首其氣愈振旋芟旋薙咸與維新羽書入奏

天語褒聞惟師德性溫和退讓及其建樹亦何激壯豈非智勇忠信是仗倘承倚畀天工時亮在室為棟於澤作障可以大受斯言非妄八載郎署材老氣王胡為一瞥揮手崑閬嗚呼龍泉

監役庚子凛秋月凡五閱素髮盈頭面皺膚削致疾斯由英英
仲子開道驊騮芳蘭遽折松老棲愁日更支離撑拄彌留痛深
祝予匪藥能瘳身後之事徧告友朋鄙如小子亦輸以情倚病
在牀執手涕傾相顧瞿吁微意可徵師實命我其敢不承陵谷
遷移人事難憑我心匪石胡鐫以銘曾是傭保而愧王戎嗚呼
疇昔情緒在目如繪師謂上都文物之會近郊耕桑長世攸賴
擬規一區山水向背稍起蓬蓽兼植松檜足了此生身其可匄
斯謀未遂玉棺已蓋佳城待卜青山何在

五君詠

晨夕既久性情斯深不已於言聊為寫照

水部雄且傑目攝諸曹郎京華二十載鬱鬱氣不揚酣飲縱談辯潑墨肆顛狂黃鵠羣雁鶩大笑傀儡場牟一樵所

儀曹性孤迥守拙得所適閉門風雨深巷絕車馬迹有時率意遊散髮脫巾幘絲竹愜清聽歸路夕陽碧袁幼泉溥

海曲老經師儒林鄭孔派著述盈尺强積卷腹宜臛我視殊嫵媚世目多駴怪永叔曾有言古器今難賣許印林瀚

比部千里足低首受羈控才高心能下神斂鑒益洞涇渭自清

濁蕉鹿何夢夢閑歸看竹軒獨對月吟弄　張翼南銓

屯田物無競不見瞋喜顏汪汪千頃波流注胸臆間情矜有窘步意曠得境閒何如通與介惟取性所安　孔誠甫慶鍸

渡江

解纜瓜步渡風定江如砥薄霧曉濛濛柔櫓劃烟水不知舟行速但見波皺綺鐘聲來浮玉相失近在咫須臾霽色開帆影互復委回首望焦山蒼翠墮船尾

單父吟

單父之山高單父之水深山水兩空濶中有太古音魚適歸絕

壑鳥飛高樹林欣然一寫之萬物羅胸心笑謝披星者塵埋纓與簪

陳橋行

甲馬營中真人起殿前檢點作天子手握兵符掌軍行黄袍加身兒戲耳旋師稱名迅如掃孤兒寡婦誰與保他日杯酒釋兵權也知開基殊草草

壽南山先生

南山先生年七十丹顏鶴髮雙瞳碧世上萬事不挂眼案頭著書高一尺少時詩名動京都覃溪墨卿輪雙扶肩隨雲泉二三

子笙鐘萬壑追髯蘇偶向楚澤拾香草桂席攜節香爐曉仙吏
風流付輿評詩囊打疊歸來早東園十畝珠江偏濤聲日聽松
風寒苔花被徑黃葉滿吟聲飛出青林端
國朝風雅邁前代王李鍾譚埽粃稗歸愚別裁標唐音蘭泉詩
傳導宋派先生論詩先論人人譜詩史皆翻新攜來小齋低頭
讀風味似與嶸勰親聞道先生腰脚健摩腹飽進胡麻飯名山
著作老不休我欲從之考文獻

岳州行程

十二髻鬟比肩立林幄烟袂浸波濕仙樂奏罷閟魚龍黝古橫

卧湘靈瑟白蘋風起轉船頭艑山不動如停舟竹露揺月弔山鬼丸泥請塞湘水流

御河

長安雨洗塵氣空御河新漲泛清泚蘅茝幽姿媚初晴相攜共踏芙蓉水萬柄揺風翠蓋張天孫雲錦蔚七襄亭榭互延花中峙勢如彩鳳天際翔是時三伏氣蒸鬱到來沁骨淩氷霜東望單椒縮蒼黛金支翠蕤紛晻靄瓊華窈窕新洗妝對鏡簪花迥絶代紅蓮瓣瓣浮雕欄中流髣髴太乙船排雲宮闕夢不到蓬壺忽落在眼前霓旌雲罕動蘭槳

宸遊花水引仙仗鳧鷖在渚魚在藻何人彩筆千氣象龍澤波
澄延
恩暉歸來荷香襲人衣

懷人

木落雁呌雲滿天懷人愁生客歸前人海滾滾塵眯眼氷雪締
結良獨難有美一人玉照顏對君使我俗累捐亭亭逸立塵表
外青松白鶴綠漪蓮長安遊客多少年貂裘駿馬橫金鞭縱博
徵歌誇豪舉君獨避之如腥羶孔方不交管城子我輩幸餘翰
墨緣玉溪體格西崑沿柚青妃白窮雕鐫晴窗愛摹唐人搨愁

未突過柳誠懸何來嗜痂偏好我每逢新作呼參禪歌酒淋漓遺形跡往往風雪對牀眠孟陽割宅主人賢蹀躞過從來仲宣文通彩筆仍青氈左拍右挹吟游仙君忽掉頭不肯住珊瑚洲上浮釣船細君才高工詠絮盤中寄詩薛濤牋梅花已開待君至妝成侍兒嬌可憐遊子愛唱還鄉樂況對雙鬟調湘絃富貴功名吾何有丈夫勵志龍潛淵青山閉門多閒暇好擷蘭茝紉蘅荃別後應知思今夕明春示我山中白雲篇

廣武

楚漢戰爭地山川顧盼雄河聲飛雨急日氣燒雲紅北指燕臺

接西臨函谷通茫茫千古局阮籍恨難窮

贈張翼南

長安比屋居彈指十年餘論古能開抱尋交每並車別來春色暮話久夜江虛真合恠雙鯉浮沈隔歲書

送程紹卿旋里

不作長安客應憐負米身高堂老親在千里望歸人楊柳淮南路風帆江上春素心憑認取曾否染緇塵

出都

愁緒紛難理徘徊出

帝都新霜驚短鬢落葉黯長途家向重泉問身如一雁孤桑乾遲渡馬回首望蓬壺

白髮高堂夢應爲遊子悲勳名無尺寸家室有乖離愁入心還遣寒侵骨耐支幸餘頑健在持慰倚閭思

過曹縣懷章直齋先生

曾此登堂奉羽儀虬松百尺照瑰姿三年報績調琴鶴萬里從軍賦鼓鼙自昔胸懷殊磊落近來踪跡竟支離更堪防海登萊岸負劍腰弓素髮垂

黃河

底柱東來太華分洪流日夜走渾渾排山勢挾百川湧動地聲
騰萬馬奔竟想靈源接天漢長浮灝氣貫中原八年疏鑿勞神
禹貢讓空將上策論

岱頂觀日出

臥聽松風萬壑雷披衣攜杖步崔嵬地中紅日深更見天外仙
霞橫海來絕頂高寒歷冰雪前朝封禪認莓苔磨崖細讀開元
字却笑秦皇空霸才

贈吳子序

三月邗溝春未殘相逢季子問平安能禁塞上風霜苦獨覺胸

中郎鬖寬短髮蕭騷陵暮色長才跌蕩對狂瀾積陰乍解寒猶薄且合披裘理釣竿

送孫宜年同年東歸

燕臺擊筑奈愁何十五年來彈指過古調不堪儕下里少年偏解笑阿婆蕭條六館何蕃去涕淚千秋杜默多回首田園蕪未也人生竟合守烟蘿

祝徐壽民

紫府仙人海鶴姿過庭一卷白華詩翁為孝子慎齋先生冢嗣江湖寄跡隨吳榜甲子疑年到絳師自有雀環爭報德里有嫠婦貧不能自給翁為其子書緘銀

致之子歸為之泣下依然鴻案與齊眉東樓會看巢鵲杖綠鬢丹顏中聖時

梅花香裏送霞觴萱草忘憂樹北堂不愧高風徐孺子堪稱祖德蔡中郎明珠掌上麻姑米斑彩庭前萊婦妝誰倩洪崖傳鶴信同年洪維橋傳箋索題羨他西母宴東王

送別

與君相見轉相親忽聽驪歌一愴神正是清明憶家日不堪惆悵送歸人鶯聲細雨都門酒草色青袍驛路塵為語景光須愛惜飛花未減故園春

自笑一生常認真杜陵又見眼中人三年已滅禰衡刺一獻仍韜和氏珍獨向墨池追草聖好尋書帶祀經神他時再踏青門路尺五城南願卜鄰

五日城南出遊

佳節合供無事身城南遣興絕緇塵于郊便作歸鄉念結伴都如出世人紫李黄瓜村味美香車寶馬客愁新家山記得年時事酒酌菖蒲邀比鄰

新柳

園林彌望添佳氣又見青青柳色新意態飛揚殊旖旎韶光點

綴最手神和風乍裊紅亭外細雨偏縈緑水濱村郭緜連齊向
曉樓臺圍繞總成春纔堪語燕通芳信恰有流鶯作比鄰遠勢
淡濃盤馬路輕陰多少看花人溪開罨畫爭傳照殿敵靈和不
染塵況是
帝城天近處先承雨露玉河津

題畫

絶巘松生濤幽澗泉鳴玉聽水復聽風歸來理琴曲
淺水荻花岸微風一葉舟看君隨意釣可是直鉤不
野店依山前小橋跨溪口林巒夕雨過霽色淡高柳

疏樹曉冥冥空翠落階砌入山恐不深盡日閒門閉

題畫

鱸魚紅樹艷江鄉水繪吟情又夕陽風雨峨眉皖山雪煩君一
一畫漁洋

撥盡蘭膏夢不成關山屈指計行程良人合有音書到明月秋
林度雁聲

為愛黃花晚節香家山風雨話重陽十年未作思歸計回首田
園已半荒

瓜步江空落照微中流無恙布帆飛行人莫問前年事烽火西

風燕子磯
幾年不向官橋路薜水潺湲盡日閒今日披圖如夢裏風光錯
認奚公山
竹風淅淅樹蒼蒼矮屋三間八尺牀欲寄心期彭澤叟北窗何
日不羲皇
無心來去山林客自汲清泉煮白石向問真訣口不言鸞凰嘯
音蕩空碧
文章何處覓知音有客嶔崎抱古心多恐出山為小草却將著
述老山林

曾子故里

六藝身通七十賢卻憑質魯接心傳依稀金石歌聲在一帶林

巒繞暮烟

躬耕力食處蒿萊傳得孝經經義該至道何嘗辭細務風檄永

峙種瓜臺

行河隄

橫成長嶺矗成岑瓠子宣防機慮深歲歲安瀾無底事也耗

天府萬黃金

河陰山

長隄延亘路迴環信宿陳留滎澤間却喜曉雲開霽處隔林忽見河陰山

渡河

萬頃桃花一葉舟飄然直作御風遊看他濁浪滔滔下千古何人截衆流

都中口號

長安風物菊花秋學士消閒載酒遊中路忽傳
天語下被人喚作王衡州

悼亡

抛殘錦字滯雙魚多少新愁舊病餘彈指忽成生死别三年祇得兩封書

愁聽樂府唱刀鐶四壁烟空土銼寒竟作望夫山上石可曾有夢到長安

捧心眉蹙畫難成病體年來與命爭瘦損匡牀强支枕柔腸夜夜斷蛩聲

樓頭却憶燕雙飛辛苦將雛歎力微補屋長愁足風雨奩箱典盡嫁時衣

浪跡天涯作客孤笑他咿喔對妻孥多君一語還相慰兒女情

深豈丈夫

郤罷癡情恨女牛連番烏鵲渡新秋從今莫話星橋事一段明河萬古愁亡妻卒於閏七夕之前五日

西窗剪燭誤前期傷悼誰言竟預支嬌女牽衣兒搶地不堪夫婿獨歸時初聞亡妻病深懷愁慮同年年一樵工部謂余預支悼亡故非戲語

南頂竹枝詞

午城明日是端陽新製羅衫稱體涼好約西隣諸姊妹侵晨南頂去燒香

兩行楊柳碧如烟郭外風光別一天知了一聲金犢過高梢初

次聽鳴蟬

琳宇門迎南苑開白沙

御道近香臺春旂楊柳多顔色記得

君王射獵回

蓮臺拜罷迴含羞欲訴衷情可自由願得海天澄似鏡不教夫

婿覓封侯

只恐輕衫香汗濕迴廊小立午陰移畫橋人影匆匆甚又上河

房看水嬉

一水盈盈畫檻西若爲惆悵夕陽時柔情最是纏緜處玉臂新

添五色絲

滕縣王文直公大節凜然昭垂千古固不必以文傳即以文論其在諫垣時疏稿一出莫不爭相傳誦人之求附公文以傳者酬答無虛日武昌之變著作盡燬於兵家人裒輯殘稿奏議數篇外半皆酬應之作然有真性情存乎其間亦何嘗不可傳也曾文正公銘邵比部墓曰愍東南之塗炭仁聖與螻蟻而同捐著述蠹其蕩盡僅弔灰裏之殘編文之精者不復存存者又未必果傳獨其耿耿不磨之志與日星而長懸後之尚論公者毋亦有同慨歟佑宸為詞館後進又嘗視學山左景仰高山未獲一見顏色今與公子宜勛同官江南得讀公遺集謹書數語歸

之竊以挂名簡末爲幸矣

光緒七年辛巳五月館後學趙佑宸謹跋

文直公授命湖北文篋無存原籍搶擾頻仍舊作亦復散失家君宜勗搜輯若干所幸疏稿猶有六首餘則寥寥獨壽文較富耳竊惟楊忠愍集疏不過二首餘亦無多而浩氣丹心自昭千古然則人如忠愍集又奚以多為依類敬為編次讀者當見文直之梗概至片辭隻字所宜寶藏俟續編焉可也鄉後學蓬萊朱昌霖謹識

歲己卯王汝毖大令假旋省墓庚辰夏髙軒過從手其 先文直公遺稿見示乃數年前昆仲裒録藏諸行篋者將付剞劂屬爲檢校憶余所見公古文雜著監試記外曾不數數覯今獲是編如窺枕祕矣披讀數過魚魯烏焉傳寫或誤不揣譾陋反復參究深懼錯改金根轉滋紕繆若公文章節義光河嶽而炳日星處爲碩儒出爲名臣胥於是乎見經當代諸鉅公論列詳備無俟鯫生之贅語也大令方試吏閩海茂著循聲實公敭歷之區行且發名成業綿其休而振厥緒以流被於無窮不獨手澤所存栞布海内克篤前人光焉爾光緒六年暑月同里後學張

尚龐拜讀附識